"活"赋新意 "动"以精彩

牟海霞山东省优秀班主任工作室　编

中国海洋大学出版社

·青岛·

图书在版编目（CIP）数据

"活"赋新意　"动"以精彩 / 牟海霞山东省优秀
班主任工作室编 . — 青岛:中国海洋大学出版社,
2024.8

ISBN 978-7-5670-3776-2

Ⅰ. ①活… Ⅱ. ①牟… Ⅲ. ①班主任工作 Ⅳ.
①G451.6

中国国家版本馆 CIP 数据核字（2024）第 029560 号

"活"赋新意　"动"以精彩

HUO FU XINYI DONG YI JINGCAI

出版发行	中国海洋大学出版社
社　　址	青岛市香港东路 23 号　　　　邮政编码　266071
网　　址	http://pub.ouc.edu.cn
出 版 人	刘文菁
订购电话	0532-82032573（传真）
责任编辑	王　慧　　　　　　　电　　话　0532-85901092
电子信箱	shirley_0325@163.com
印　　制	青岛中苑金融安全印刷有限公司
版　　次	2024 年 8 月第 1 版
印　　次	2024 年 8 月第 1 次印刷
成品尺寸	158 mm × 220 mm
印　　张	15
字　　数	199 千
印　　数	1—1000
定　　价	60.00 元

发现印装质量问题,请致电 0532-85662115,由印刷厂负责调换。

编　委　会

　　《国家中长期教育改革和发展规划纲要(2010—2020年)》中明确强调德育工作的重要性。因此,学校要积极响应党和国家的号召,适应新形势的变化,不断探索新时代德育的特征和规律,不断创新德育教育的模式和方式,以提高德育的吸引力、感染力、针对性和实效,为青少年的成长注入精神营养。《中小学德育工作指南》指出,加强文化育人的同时要"建设班级文化""增强班级凝聚力"。《教育部关于进一步加强中小学班主任工作的意见》指出"要做好班级的管理工作",要"形成有特色的充满活力的班级和团(队)文化"。班级主题活动(主要是班会、队会)作为学校德育工作的重要阵地,是培养学生核心素养的有效载体,可以为学生核心素养的提高奠定坚实的基础。探究如何有效地开展小学班级主题活动是当前德育实践中不可缺少的一个重要环节。

　　本书依据新时代教育发展的要求,针对基础教育德育工作的实际问题,基于立德树人是教育的根本任务,以培养全面发展的人为核心,突出个人修养、社会关爱、家国情怀,更加注重自主发展、合作参与、创新实践等。班级主题活动的设计、组织和实施给学生提供了自我教育平台,学生在参与过程中丰富了知识,各方面能力和思想道德素质也得到相应的提升。

前期我们在对班级主题活动相关文献进行分析和综述研究中发现，目前班级主题活动的研究大多是从思辨角度出发，对相关理论做出初步的分析，缺乏对班级主题活动的设计、实施和评价等方面的系统探讨，以规范标准的模式开展班级主题活动的实践探索甚少。我们要在班级主题活动设计的模式、目标、内容、实施路径等方面有所创新，与立德树人要求全面契合，从而丰富德育工作内涵，切实增强教育的感染力，以达到提升学生道德品质的重要目的。全环境立德树人视域下加强对班级主题活动的纵深研究具有很大的必要性，也具有巨大的研究空间。

我们基于全环境立德树人的背景，以班级为实验单位，围绕素质教育指导思想，以课题组成员所在单位班级主题活动的实施现状为切入点，采用文献分析法、问卷调查法、访谈法来进行研究。基于发现的实际问题，通过行动研究、案例研究、对比研究等方法深入分析，并通过行动研究寻找开展班级主题活动的适切方法，形成班级主题活动的实践策略，改善班级主题活动育人效能薄弱的情况，保障"三全育人"、立德树人的顺利推行。在实施的过程中，老师们采用将课内班会和课外实践活动相结合的方式，优化目标设计、主题确定、过程实施等环节。可以针对不同主题设计多种班会模式，尝试通过多元化主题活动解决教育难题；也可以根据不同学段设计不同形式，如低学段的创设情境形式、沉浸式体验形式，高学段的微班会形式，还可以通过引导、焦点讨论等方式满足不同层次学生的需求，最终推进全环境育人，更好地落实立德树人根本任务。我们通过系统地研究，创新设计班级主题活动，丰富班级主题活动内容，转变班级主题活动的形式等，以此来提高班级主题活动的有效性。

工作室成员是青岛市市南区、西海岸新区、崂山区等部分中小学的教师，均担任一线的班主任工作。这本书主要介绍我们在大量实际工作中获得的丰富经验以及从这些经验中提炼的规律。我们充分发挥所在区域、任教学段、学科的不同优势，有力整合了校内外教育资源进行课题研究，打破学科壁垒，发挥育人合力，在学术思想上具有独到性，从微观角度进一步丰富了班级主题活动的理论。通过开展班级主题活动，致力于促进班集体建设，增强班级凝聚力，提高学生个性化发展水平以及核心素养，亦提升教师设计与开展班级主题活动的能力，提高教师的专业发展水平和素养。希望我们的努力能够为中小学一线班主任以及未来可能担任班主任的老师们提供相应的教育和教学策略、技巧，帮助他们做有智慧的班主任；也希望能够对我们的同盟军——家长们有所裨益，促进家庭、学校、社会协同育人，共筑孩子的美好未来！

牟海霞山东省优秀班主任工作室

2024 年 1 月于青岛

目录

家 长 篇

研 学 篇

教师篇

第一部分　理想信念教育

理想信念不仅影响着人们的思维,还决定着人们的行动。理想信念始终与我们的目标紧密相连,具有强大的吸引力、凝聚力和激励作用。理想信念的建立需要一个漫长的过程,需要经历艰难的抉择、斗争和磨炼。因此,理想信念教育必须持续深入。

应当加强爱国主义、集体主义教育,以提高公众的精神境界,增强公众的社会责任感、团队奉献精神、法治意识,从而更好地实现中国特色社会主义共同理想。应将理想信念与社会主义核心价值观融入学校的教育,深入学生每一天的生活。我们应该建立一种大教育观,将理想信念与学科教育、德育、美育、社会实践相结合,将这种意识融入我们的思维、行动、情感之中。采取积极的措施,帮助学生建构健康的人格和价值取向,增强对前进的决心、对科学的认知、对社会的责任感和对优良传统的尊重。

用沉浸式情景体验、视频讲解、诗歌朗诵等形式多样的辅助手段,将爱党爱国、实现中华民族伟大复兴的中国梦融入主题班会设计活动中,可以给传统的主题班会带来活力,学生兴趣高涨,参与度高,课堂生动有趣,气氛活跃。运用竞当小博士、放声宣言等形式营造氛围,激发学生的爱国热情,利用讲故事、观看海防建设视频、设计学生个人成长手册,让学生带着自豪立足当下,带着自信展望未来。用ORID(焦点讨论法)的形式完成课堂小结,设计研究性学习,将其作为班会后延伸教育活动,再次提高学生的总结反思能力,促进班级的良性发展。本部分中,前三个活动主题为爱党爱国,后三个活动主题为中华民族伟大复兴的中国梦。

"向国旗敬礼——同升国旗,同唱国歌"主题班会

背景分析

2023年9月,全国各地正在以不同的方式来庆祝中华人民共和国的生日。为迎接国庆节,加强对学生的爱国主义教育,进一步增强学生的民族自豪感,根据一至三年级小学生的接受能力和认知特点,教师选择有代表性的事物,使他们初步了解祖国,并通过多种形式来歌颂、赞美祖国,从而激发学生对祖国的热爱之情。根据上级统一部署,结合学校实际,教师设计了"向国旗敬礼——同升国旗,同唱国歌"主题班会。

班会结合一至三年级小学生身心发展的特点,通过竞当小博士、诗歌朗诵、动手制作国旗等生动有趣的形式让学生表达对祖国的热爱。

班会目标

认知目标:使学生了解国旗的象征意义。

情感目标:使学生从小树立尊重、维护国旗、国歌的观念,增强爱国情感。

行为目标:使学生初步了解祖国,并通过多种形式来歌颂、赞美祖国,从而激发学生对祖国的热爱之情。

班会准备

(1)人人动手,搜集有关国旗的知识材料。

(2)观看升国旗视频。

(3)搜集歌颂祖国的诗歌,认真准备,进行表演。

(4)准备制作五星红旗材料(红色和黄色纸、剪刀、固体胶、塑料棍)。

班会过程

1. 环节一:巧用地图"引"主题

教师出示中国地图,问:同学们,这是什么? 它的形状像什么?

学生:这是中国的地图,形状像一只雄赳赳、气昂昂的雄鸡。

教师:这里是一片沃土,有着960万平方千米的土地。这里人才辈出,他们勤劳、聪明,敢为天下先。这就是我们的祖国——中华人民共和国。同学们,你们爱我们的祖国吗?

学生齐答:爱!

教师:我们又迎来了丰收的季节,我们也盼到了中华人民共和国的生日。同学们,2023年10月1日是中华人民共和国74岁的生日,全国各地人民正在以各种丰富多彩的形式来庆祝。今天,我们欢聚一堂,举行"向国旗敬礼——同升国旗,同唱国歌"主题班会。班会现在开始!

设计意图:以中国地图为切入点,让学生初步了解中华人民共和国的生日,激发学生的爱国情感。

2. 环节二:竞当小博士"知"国旗

教师:我们的祖国真美丽,我们都热爱她。大家对我国的国旗了解多少呢?下面我们通过"竞当小博士"的形式,看谁了解得更多。你们知道我国的国旗是什么吗?

学生:五星红旗。

教师用课件展示国旗,让学生观察,国旗上有几颗五角星,几颗大的,几颗小的,思考其代表的意义是什么。

学生:一颗大五角星,代表中国共产党;四颗小五角星围绕着大五角星,各有一尖正对着大五角星的中心点,象征中国共产党领导下的革命人民大团结。

教师:国旗上的红色和黄色有什么象征意义?

学生:红色象征革命,黄色象征光明。

教师:我还有个问题要问大家,我国的国徽是什么样子?

学生:中间是五星照耀下的天安门,周围是谷穗和齿轮。

教师:我还有个问题要考考大家,我国的国歌是什么?

学生:《义勇军进行曲》。

教师:升国旗时,我们应该怎么做?

学生观看升旗仪式,感受最隆重的升旗仪式。

教师提问:你刚才看到解放军叔叔和观看的人们在升国旗时是怎么样的?(引导学生懂得升国旗时要抬头挺胸,身体站得直直的,一动也不动,行注目礼。)

升国旗仪式过程:全体起立,教师播放国歌,学生看电视屏幕进行升国旗仪式。教师观察学生在听到国歌响起时,有没有做到原地不动,不说话,不嬉笑,态度严肃、认真,立正站好,看着国旗冉冉升起。对做到的学生给予表扬。

教师小结:同学们,国旗是我们国家的象征,我们要爱护国旗、尊重国旗。所以同学们在升国旗的时候,不能嬉戏玩闹,要认真、庄严地看着国旗升起,这样才是尊重国旗的表现。

设计意图:此环节让学生进一步了解国旗象征的意义,并热爱国旗。懂得在升国旗时要注视国旗,立正,敬礼(少先队员行队礼,不是少先队员的行注目礼)。

3. 环节三:诗歌敬献"颂"祖国

教师:从刚才知识竞答的结果看来,同学们对国旗还是有一定的了解的。大家对庆祝国庆节的热情是非常高涨的。那么,有谁能用朗诵诗歌的形式来庆祝国庆、表达对祖国的爱呢?请欣赏诗歌朗诵《彩色的中国》(高梓妍等)。

> 我第一眼看到了彩色的中国,轻轻打开地图,
> 碧绿的是草原,金色的是沙漠,
> 蓝蓝的是大海,弯弯的是江河。
> 在我们祖国的版图上,一片五颜六色,
> 就像盛开的鲜艳花朵,面对这美丽的图画,
> 我们放声歌唱:我爱您——中国!

教师:我们的祖国灿烂而伟大,美丽而富饶,山河雄伟而多姿。除了用诗歌表达我们对亲爱的祖国深深的爱,我们还可以动手制作国旗来表达我们对祖国的热爱之情。

设计意图:借荡气回肠、慷慨激昂的诗歌来激发学生的爱国情感。

4. 环节四:巧手剪旗"爱"祖国

(1)七人为一组,分四组。比一比哪一组做得又快又好。

(2)展示作品。

设计意图:鼓励学生动手制作国旗,并再次深化活动主题,从而激发学生对祖国的热爱之情。

5. 环节五:课堂总结,升华主题

教师:刚才同学们用巧手剪出了一面面鲜艳的五星红旗,剪出了对祖国的爱。是呀,有了伟大的祖国,才有我们今天幸福的生活。同学们,在大家的共同努力下,"向国旗敬礼——同升国旗,同唱国歌"主题班会进入了尾声。但真正的爱祖国不是一堂班会能完全体现的,更应该体现在平时的一点一滴中,让我们努力学习、顽强拼搏,把对祖国的爱体现在对父母、对老师、对同学、对班级、对学校的爱中。无论到何时,无论在何处,我们都不能忘记自己是中国人。大家还可以把对祖国的爱写在心愿卡上。让我们在祝福的歌声中把它献给祖国,装点在祖国地图上吧!

全体起立,唱国歌。教师宣布主题班会到此结束。

🌳 班会后延伸教育活动

课后,继续延伸爱党爱国教育,让学生认识党旗、团旗、队旗,知道"七·一"建党节和"八·一"建军节,了解少先队的队史、性质和作用。有条件的学生周末由家长陪同,一起到青岛博物馆参观,了解和搜集一些家乡的史料,或家长带孩子去北京天安门广场亲眼观看一场升旗仪式,从而激发孩子从小爱祖国、爱家乡的情感和民族自豪感,并树立远大理想。

班会反思

1. 主题明确

本次班会主题明确,即爱党爱国,激发出学生的爱国热情。这个主题符合学校的教育目标,也符合国家的发展方向。

2. 内容丰富

班会内容丰富,既有国情的介绍,也有诗歌朗诵,还有动手制作。这些内容让学生更加深入地了解了党和国家的伟大,也激发了他们的爱国情感。

3. 形式多样

班会形式多样,既有教师的讲解,也有学生的演讲,还有小组讨论和互动游戏。这些形式让学生更加积极地参与,也让他们更加深入地理解了主题。

4. 效果反馈

从效果来看,学生对这次班会的反响非常热烈,他们表示这次班会让他们更加深入地了解了党和国家的伟大,也激发了他们的爱国热情。一些学生表示,他们从这次班会中得到了很多启示,对自己的未来发展也有了更明确的目标。

5. 反思与改进

可以增加一些实践性的活动,如参观爱国主义教育基地,让学生更加直观地了解党和国家的伟大。教师可以在以后的班会中加强与学生的互动,了解他们的想法和感受,从而更好地开展教育活动。

我的国,我的家

背景分析

为落实中共中央办公厅印发的《关于培育和践行社会主义核心价值观的意见》,切实把立德树人作为教育的根本任务,教师应针对当前的新形势、新要求,通过解读社会主义核心价值观的国家层面、社会层面、个人层面增进学生的理解,引导学生发现身边体现富强、民主、文明、和谐,自由、平等、公正、法治,爱国、敬业、诚信、友善的一系列案例。

本次班会活动的目的主要是引导学生理解社会主义核心价值观的国家层面和社会层面,通过故事感受祖国的繁荣昌盛与社会的和平有序,以历史为载体,呈现祖国之强,让学生体会社会之美,培育学生以爱国主义为核心的民族精神、以改革创新为核心的时代精神,把革命传统教育、国家主权教育与社会主义核心价值观教育相融合。

学生通过课外阅读和观看部分影像资料,对于中国的近代史有一定的了解。小学四至六年级的学生已经具备了搜集、调查、整理资料的能力,能通过小组合作、讨论交流,获取有价值的信息。借助丰富的拓展资源(如纪录片《筑梦中国》),学生能够更真实地感受中国的富强、社会的公正,学生的爱国情感能够得到升华。

班会目标

认知目标:引导学生了解社会主义核心价值观提出的背景及基本内容,明白培育和践行社会主义核心价值观的重大意义。

情感目标:学生能够树立正确的人生观、世界观,为实现中华民族伟大复兴的中国梦贡献力量。

行为目标:学生能够自觉培育和践行社会主义核心价值观,扣好人生的第一粒扣子,切实做到勤学、修德、明辨、笃实,成为社会主义核心价值观的坚定信仰者、积极传播者、模范践行者。

班会准备

学生准备:知道社会主义核心价值观的内容,搜集国家层面、社会层面的优秀案例。

教师准备:根据所确定的活动目标和设计的活动环节准备相关PPT、视频、歌曲。

班会过程

1. 巧借五四广场,激趣导入新课

教师:大家了解五四广场吗? 五四精神的核心内容是爱国、进步、民主、科学。五四运动拉开了中国新民主主义革命的序幕,促进了马克思主义在中国的广泛传播,为中国共产党成立做了思想上干部上的准备。五四运动以来,在中国共产党领导下,一代又一代有志青年"以青春之我,创建青春之家庭,青春之国家,青春之民族,青春之人类,青春之地球,青春之宇宙",在救亡图存、振兴中华的历程中谱写了一曲曲感天动地的青春乐章。中华文明绵延数千年,有其独特的价值体系。中华优秀传统文化已经成为中华民族的基因,植根在中国人内心,潜移默化地影响着中国人的思想方式和行为方式。到了今天,我们提倡和弘扬社会主义核心价值观,必须从中汲取丰富营养,否则就不会有生命力和影响力。

设计意图:以五四广场为切入点,引入社会主义核心价值观的讲解,同时初步激发爱国情感,让学生感受社会主义核心价值观的重要性。

教师提问:你知道社会主义核心价值观是什么吗?

预设:富强、民主、文明、和谐,自由、平等、公正、法治,爱国、敬业、诚信、友善。

教师:党的十八大报告用 24 个字分别从国家、社会、个人层面凝练出了社会主义核心价值观。

设计意图:学生已经熟知 24 个字,从他们的已知入手,为下面更好地理解含义打下基础。

2. 精选视频解读,理解含义

(1)理解"富强、民主、文明、和谐"。

教师:"富强、民主、文明、和谐",是我国的建设目标,这样就可以实现社会主义现代化。它从价值目标层面对社会主义核心价值观基本理念进行凝练,在社会主义核心价值观中居于最高层次,对其他层次的价值理念具有统领作用。

同桌探讨,简要说出对"富强、民主、文明、和谐"的理解后,教师播放视频讲解。

富强即国富民强,是社会主义现代化国家经济建设的应然状态,是中华民族梦寐以求的美好夙愿,也是国家繁荣昌盛、人民幸福安康的物质基础。民主是人类社会的美好诉求。我们追求的民主是人民民主,其实质和核心是人民当家作主。它是社会主义的生命,也是创造人民美好幸福生活的政治保障。文明是社会进步的重要标志,也是社会主义现代化国家的重要特征。它是社会主义现代化国家文化建设的应有状态,是对面向现代化、面向世界、面向未来的,民族的科学的大众的社会主义文化的概括,是实现中华民族伟大复兴的重要支撑。和谐是中国传统文化的基本理念,集中体现了学有所教、劳有所得、病有所医、老有所养、住有所居的生动局面。它是社会主义现代化国家在社会建设领域的价值诉求,是经济社会和谐稳定、持续健康发展的重要保证。

设计意图:将国家层面的价值目标作为一个小版块,利于学生细细领悟。视频中的解释虽然不够儿童化,但更加权威,也适应了新课标对小学生阅读能力的要求。

(2)理解"自由、平等、公正、法治"。

教师:"自由、平等、公正、法治",是对美好社会的生动表述,也是从社会层面对社会主义核心价值观基本理念的凝练。它反映了中国特色社会主义的基本属性,是我们党矢志不渝、长期实践的核心价值理念。

同桌探讨,简要说出对"自由、平等、公正、法治"的理解后,教师播放视频讲解。

自由是指人的意志自由、存在和发展的自由,是人类社会的美好向往,也是马克思主义追求的社会价值目标。平等指的是公民在法律面前一律平等,其价值取向是不断实现实质平等。它要求尊重和保障人权,人人依法享有平等参与、平等发展的权利。公正即社会公平和正义,它以人的解放、人的自由平等权利的获得为前提,是国家、社会应然的根本价值理念。法治是治国理政的基本方式,依法治国是社会主义民主政治的基本要求。它通过法治建设来维护和保障公民的根本利益,是实现自由平等、公平正义的制度保证。

设计意图:对于社会层面的价值目标的含义,学生在平时集体生活中有所感知。这个视频将他们的视野和思路上升到真正的社会层面,在社会上监督比学校弱一些,更能凸显自由、平等、公正、法治的重要性。

3. 丰富相关材料,感受祖国的伟大

(1)介绍新疆棉事件的真实情况。

思考:结合社会主义核心价值观,谈谈感受。为什么说我们国家是富强、民主、文明、和谐的?为什么说我们的社会是自由、平等、公正、法治的?

交流一:中国的今昔对比。

预设:视频上展示中华人民共和国成立前新疆人民的苦难和现在新疆人民的幸福。

设计意图:结合热点新疆棉事件,凸显祖国的伟大。

(2)介绍扫黑除恶成果。

思考:结合社会主义核心价值观,再谈谈感受。为什么说我们的社会是自由、平等、公正、法治的?

交流二:中国为自由、平等、公正、法治做出的努力。

预设:视频展示青岛渔民讲述以前渔霸的恶事和如今码头的繁荣。

设计意图:扫黑除恶是国家为了保证社会自由、平等、公正、法治付

出的努力,见义勇为是个人为了保证社会自由、平等、公正、法治付出的努力,一起造就了我们美好的社会。

4. 挖掘身边事迹,触发深入思考

教师提问:你所感受到的富强、民主、文明、和谐、自由、平等、公正、法治的例子有哪些?

预设:高铁、5G、反腐……

教师提问:我们如何把这么好的状况持续下去?

(1)独立思考。

(2)小组合作探究。

预设:上好思政课、守规则、学本领、树立远大理想……

设计意图:学生用自己身边的例子和自己了解的事件来理解富强、民主、文明、和谐,自由、平等、公正、法治、爱国、敬业、诚信、友善,既是对学生能力的一次锻炼,也是对领悟效果的一次考察。

5. 总结提升认识,歌谣内化行为

教师:经过这节课的学习,富强、民主、文明、和谐,自由、平等、公正、法治引起了我们深深的思考。我们用心去感受,去向往,自强不息,不断努力。让我们来拍手说歌谣,一起感受社会主义核心价值观。

社会主义要自豪,核心价值都算数。传播祖国正能量,勤奋努力停不住。富强就是富又强,民主就是民做主。文明礼仪尽展现,和谐祖国更幸福。自由解放争创新,平等权益都羡慕。公正无私心比心,法治社会根基固。爱国时时我当先,敬业处处我带路。诚信正派人格强,友善来把爱心护。

设计意图:用学生喜欢的歌谣来巩固知识,将课堂气氛推向高处。学生在这种氛围下,将社会主义核心价值观记于心、践于行。

班会后延伸教育活动

课后,继续延伸爱党爱国教育,让学生根据下面的表格积极参与,设计自己专属的爱国记录卡,自己和家长参与评价,在班级进行展示。让学生根据爱国记录卡讲述自己爱国的心得体会,营造良好的人人爱党爱国的氛围,养成良好的习惯。

_____爱国记录卡			
爱国内容	我能做	我愿意做	我坚持做
家庭( )			
学校( )			
社会( )			
注:可以做到就涂上★,做不到就空着;一周后看看谁的★多,谁就是"爱国好少年"!			

"爱国好少年"推荐会:评选出班级爱国好少年,将爱国活动的照片送上班级"爱国墙",鼓励学生传承爱国精神。

班会反思

班会以五四广场为切入点,拉近学生与社会主义核心价值观的距离并激发爱国情感,让学生感受社会主义核心价值观的重要性。然后学生说社会主义核心价值观、听讲解,更加深入地理解社会主义核心价值观。接着,在具体实例中感受国家的伟大,再进一步挖掘身边事迹,触发学生深入思考,从而感受国家和个人为践行社会主义核心价值观做出的努力,激发他们为之努力。最后用学生喜欢的歌谣来巩固,将课堂气氛推向高处,在这种氛围中,学生将社会主义核心价值观记于心、践于行。整节课起到了非常好的教育作用。

家国永安,强国有我

背景分析

爱国是社会主义核心价值观在公民个人层面的第一项要求。本节课基于《新时代爱国主义教育实施纲要》中的要求,把加强青少年的爱国主义教育摆在更突出的位置,把爱我中华的种子埋入每个孩子的心灵深处。教师充分发挥课堂教学的主渠道作用,把新时代青少年爱国主义教育作为重中之重,将爱国主义精神贯穿于学校教育全过程,从而设定本节课的主题。班会通过教师引导,培养新时代学生的爱国情怀,推动爱国主义教育进课堂、进头脑。

本节课遵循《中小学德育工作指南》的要求:德育工作要"符合中小学生年龄特点、认知规律和教育规律,注重学段衔接和知行统一"。教师创设情境,借助思维工具落实立德树人根本任务,引导学生养成尊重他人、乐于助人、善于合作、勇于创新等良好品质,培养学生爱党、爱国、爱社会的情感。

七年级的学生刚刚迈入初中,稚气未脱,理性思维发展有限,不够了解时事新闻,缺乏班级凝聚力与合作意识。本节课通过创设博物馆参观情境,以网络自制短剧《逃出大英博物馆》为话题导入,激发学生的求知欲,以沉浸式体验的形式进行授课,引导学生关注祖国发展,培养学生的爱国情感和民族自豪感,促使学生将其转化为具体的爱国行动,培养有理想信念、有责任担当、有家国情怀的追梦人。

◎ 班会目标

认知目标:班会通过博物馆研学展示活动,使学生了解博物馆知识,激发主动探究的意识;通过头脑风暴、漫游挂图等活动,使学生了解大国成就和大国担当,厚植爱国主义情怀。

情感目标:班会通过创设博物馆情境,使学生了解家国不安的原因,激发热爱祖国的感情,并决定为国奋斗;通过青春宣言,激发强国有我的豪情;通过列举大国成就,增强学生的民族自豪感,培养爱国主义情感。

行为目标:班会通过焦点讨论、小组合作等多种学习形式,激发学生的灵感,提高合作能力,锻炼沟通能力,增强团队意识,增强班级凝聚力;通过列举践行社会主义核心价值观的做法,使学生将爱国落到实处,做有责任、有担当的好少年。

班会准备

教师准备:博物馆研学成果展示、参观手册(学案)、彩笔、卡纸、海报、平板电脑及学习资料包。

学生准备:制作"大国成就"手抄报。

"大国成就"手抄报

班会过程

1. 环节一:前言 课前活动

(1)制作参观手册:学生跟随教师,制作本节课使用的参观手册(导学案)。

(2)进行课堂约定:认真倾听,安静、有序,合理使用平板电脑,不依赖电子设备等。

设计意图:制作并使用参观手册,培养学习输出能力,有利于拉近教师与学生的距离,调动学生的学习兴趣。进行课堂约定,有利于培养学生的规则意识,也为后续维持课堂的良好秩序奠定基础。

2. 环节二:第一展厅 家国不安

活动一:重温研学 共享精彩。

由假期旅行、研学导入新课,教师分享选修课学生的研学经历和博物馆参观锦囊。

设计意图:从学生的切身经历导入,展示学生自己设计的研学活动和研学成果,激发学生的好奇心和探究心,鼓励其在今后的研学旅行中研有所值、学有所得,深入探究文物故事,了解家国历史。

活动二:历史回望 家国不安。

教师:2023 年 8 月底世界四大博物馆之一的大英博物馆因文物失窃冲上热搜,网络短剧《逃出大英博物馆》在短短几天内火爆出圈,引发全网共情,请大家进入第一展厅一探究竟。

播放《逃出大英博物馆》新闻报道视频。

教师:看完视频后,你的心情(感受)如何? 我们现在为什么有底气发出无偿归还文物的声音? 之前为什么没有? 落后就要挨打,如今我们之所以有底气要求文物回家,是因为中国的国家综合实力越来越强,中国在各方面都取得了举世瞩目的成就。

3. 环节三:第二展厅 大国成就

(1)活动一(头脑风暴):话大国成就,植爱国情怀。

活动步骤:第一步,在卡片上用关键词列举中华人民共和国成立以来的成就,一张纸上写一条内容。第二步,组内交流(筛选成就并具体解释其中的一条)。第三步,展示分享(各小组分享补充讨论内容,小助理帮老师在黑板上对成就进行分类)。

大国成就包括外交(构建人类命运共同体)、文化(传承与创新优秀传统文化)、交通(修建青藏铁路)、军事("两弹一星")、政治(共建"一带一路")、经济(西气东输)、体育(北京承办"双奥")、科技(建成北斗卫星导航系统)等方面成就。

设计意图:本环节通过头脑风暴的形式梳理并展示大国成就,绘出相关思维导图,学生在这个过程中了解国家成就、感受祖国的强大,激发民族自豪感,培养爱国情怀。

小组合作的形式能够培养团队合作能力,增加团队凝聚力,增强团队精神;在个人方面,能够有效开拓思路,激发灵感,增强学习的自信心,锻炼沟通能力。

(2)活动二(新闻播报):列大国担当实例,展国际舞台形象。

教师:感谢同学们分享的大国成就,这些成就见证了中国从站起来、富起来到强起来的艰苦奋斗之路,是中国速度、中国高度、中国力度、中国深度的展现,强大起来的中国在国际舞台上发挥了重要的作用,体现了大国担当。

播放中国在国际舞台上体现大国担当的新闻视频。

教师:从视频中我们都看到了什么? (国际合作、促进全球经济发展、积极参与全球治理、维护国际秩序、推动构建人类命运共同体……)

教师:同学们看到此段视频时的心情如何?

此时此刻大家的感受已不再是之前的愤怒、沉重,而是骄傲、自豪,因为中国强大了。这是每个中国人内心深处的民族自豪感,这就是爱国!它是一种朴素的情感。

设计意图:国内举世瞩目的成就和中国体现的大国担当,让学生进一步感受中国力量,感受到新时代中国的强大,增强学生的民族自豪感,为下一步"强国有我"环节做铺垫。

教师:"共和国勋章"获得者孙家栋说:"国家需要,我就去做。"孟晚舟回国时说:"如果信念有颜色,那一定是中国红。"环卫工人起早贪黑、任劳任怨,做好本职工作。老师在假期重走河西走廊,参观博物馆。同学们听到国歌,立定敬礼。爱国不需要做多么惊天动地的大事,做好普普通通的每件小事就是爱国。

4. 环节四:第三展厅　强国有我

(1)活动一(漫游挂图):立爱国之志,行报国之事。

当代中学生应该怎样做才能践行社会主义核心价值观中的爱国?

活动步骤:请结合参观手册中的学习资料展开讨论,将具体做法写在海报上(可适当美化)。各小组集体展示,形成海报墙。

设计意图:教师通过课件中的名人、普通劳动人民、教师本人和学生的平时爱国行为引导学生明白,爱国不需要做多么惊天动地的大事,每个人做好身边普通的小事就是爱国。引导学生群策群力,树立正确的价值观,培养坚强的意志,树立立足当下、努力进取的意识,厚植家国情怀。在各小组展示过程中对自己和他人点赞认可,体现"教—学—评"一体化。

教师:爱国就是从小事做起,上好每一节课,认真学习文化知识,树立正确的三观,践行社会主义核心价值观,立足当下,将来为祖国的繁荣富强做出贡献。

(2)活动二:青春宣言——请党放心,强国有我。

教师带领学生一起发出青春的宣言:请党放心,强国有我!请党放心,强国有我!

设计意图:本活动通过放声宣言,营造氛围,调动学生的爱国激情,引导学生将爱国既落实到行动中,也根植在心里,带着自豪立足当下,带着自信展望未来。

教师:请拿出参观手册,在最后一页中留下自己的感言。

5. 环节五:后记　游客留言台

> 活动:在参观手册"游客留言台"中完成以下问题:
> 1. 本次博物馆之旅,你印象最深刻的是什么,有什么感受?
> 2. 我的打算
> 我决定/要:＿＿＿＿＿＿＿＿＿。

设计意图:用ORID(焦点讨论法)的形式完成课堂小结,提高学生的总结反思能力。如果课堂时间足够,可以设计完整的ORID问题。

6. 结语

播放视频,重温习近平总书记对青少年的寄语。

希望学生有爱国之心,立报国之志,做有理想信念、有责任担当、有家国情怀的追梦人。

🌳 班会后延伸教育活动

观看《逃出大英博物馆》全集,以文物的口吻给大英博物馆的"家人"们写一封回信并在班级展示。

设计意图:体现主题班会教育的延展性。

🖼 板书设计

在黑板上写"家国永安,强国有我"。

学生在黑板上绘制"大国成就"思维导图。各组生成以"强国有我"为主题的海报。

班会反思

本节课以学生为主体,基于大的时代背景,落实立德树人根本任务,结合班级学生实际,根据将社会主义核心价值观公民层面价值准则内化于心、外化于行的要求,选定课题为"家国永安,强国有我"。整节课创设博物馆情境,以体验参观的形式,让学生沉浸在"体验学习圈",既能提高学生的学习兴趣,又厚植爱国主义情怀;在教学手段方面通过引导式方法结合多媒体手段拓展学生思维,提升学生核心素养。从课堂活跃度来看,基本达到预期目标,气氛热烈,学生参与度高。从课堂结果来看,各个环节活动中课堂生成效果较好,学生的爱国热情高涨,爱国之事具体可行。

不足的是,课堂时间有限,环节三活动一与环节四活动一未能深入探究,环节五中学生相互交流时间较少。

"我的梦想我做主"主题队会

背景分析

习近平总书记在参观大型展览《复兴之路》时指出,每个人都有理想和追求,都有自己的梦想,提出实现中华民族伟大复兴的中国梦。通过本节队会课,学生更清晰地了解、明白了何为中国梦,中国梦与自身的关系,人生因为有梦想而显得愈发美好。

结合一至三年级小学生形象、直观的思维特点,引导学生把自己的小梦想与中国的大梦想联系起来,在增强其爱国情感的同时,让他们感受到自己对于祖国的重要性,增强其作为中国公民的社会责任感,以此激励自己为梦想奋进。整节课坚持以"教师为主导,学生为主体"的原则,以"畅谈梦想—树立梦想—实现梦想"为线索贯穿课堂。运用音乐渲染、播放视频、集体讨论、讲故事等形式,寓教于乐,突出主题,使学生接受深刻的爱国主义教育,感受梦想的巨大正能量,让学生明白光有梦想只是空谈,要用实际行动去实现梦想,才能为祖国的筑梦工程增添一份力量。同时引导学生从现在做起,从点滴做起,增强自信,付诸行动,为实现自我梦想、实现人生的价值不断努力奋进。

队会目标

认知目标:通过故事,鼓励学生为梦想而努力奋斗。

情感目标:增强民族意识,激发爱国情感。

行为目标:引导学生讲述美好梦想,思考现在如何为实现梦想行动。

队会准备

制作活动PPT,搜集音频、视频、图片、文字素材等。

队会过程

1. 环节一:激发热情,畅谈梦想

(1)播放儿歌《种太阳》片段。

(2)教师:梦想是石,敲出星星之火。梦想是火,点燃熄灭的灯。梦想是灯,照亮夜行的路。梦想是路,引导你走向黎明。同学们,每个人都有自己的梦想,你们能说一说吗?

学生自由畅谈。请部分同学发言,注意平时不爱发言的同学,多让他们发言,提高他们的自信心。

教师小结:梦想,是多么美丽的字眼,它让我们对未来充满了希望和期待。正如这首歌中所唱的"到那个时候,世界每一个角落,都会变得温暖又明亮"。你们瞧:中国梦正因为我们的努力和付出而实现了。

播放视频:公益广告《我的梦·中国梦》圆梦篇。

教师:现在,就让我们吹响二(1)中队的梦想集结号,走进我们今天的主题队会吧!

（3）学生齐读队会主题"我的梦想我做主"。

设计意图：以《种太阳》歌曲引入主题，鼓励学生畅谈梦想，播放公益广告《我的梦·中国梦》，让学生认识到梦想对每个人都很重要，初步引导学生确立梦想。

2. 环节二：深入思考，树立梦想

教师：每个人都有梦想，刚才同学们畅所欲言，有的说长大后要成为演员，有的说要成为警察，有的要成为教师……同学们的愿望非常美好，那么如何实现自己的梦想呢？

教师出示材料——袁隆平爷爷的禾下乘凉梦以及刘洋的航天梦，让学生了解一些梦想成真的故事。

教师：听了以上两个小故事，我想同学们在心中对如何实现自己的梦想早就有答案了，请同学们说说好吗？

有相似梦想的学生分组进行讨论，再派代表上台说。

教师小结：孩子们，你们说得真好。实现梦想的过程一定会有汗水、泪水和辛苦，但是只要你们肯坚持，无论遇到怎样的挫折都不放弃，就会实现梦想！我希望你们用自己的努力来实现国家的繁荣昌盛、伟大富强！

设计意图：此环节中，学生受到了爱国主义教育，并对历史上的有志青年如何实现梦想有所了解，所以在此环节谈到如何实现自己的梦想时，学生的认识更深刻，说法也更务实了。

3. 环节三：增强自信，实现梦想

教师：同学们，理想就是我们最大的财富，让我们面对理想大声宣誓吧！

全体学生起立，宣誓：我们愿带着必胜的信念投入学习中去！我们愿将全部的精力倾注走过的每一步！我们愿用坚定的毅力战胜征程中的每一个困难！我们能行！我们一定行！我们能行！我们一定行！我们坚信理想会因奋斗而美丽！让我们放飞理想，我们坚信成功属于自己。

设计意图:此环节引起学生思想上的共鸣,学生在认识上由"要我学"变为"我要学",行动上自加压力,坚持不懈,对自己负责,逐步成人、成才。

4. 环节四:教师总结,升华主题

教师总结:本次队会中,同学们都表现得很积极、主动,能大胆地畅谈自己的梦想。看着你们自信的表情,听着你们充满豪情的语言,我相信,你们一定能实现自己的梦想。但是实现梦想的前提是要把握人生。把握人生不是一天两天,也不是一年两年,它需要一个人用一生的时间,需要几十年如一日的耐力、恒心与毅力。更多的时候,把握人生的关键是要培养自己的好习惯,坚持自己的原则。而"顽强的毅力可以征服世界上任何一座高峰",恒心与毅力在征服的过程中必不可少。同学们,听,未来在召唤,明天会更好!我们期待着那震撼人心的美丽,我们期待着那意想不到的辉煌!

设计意图:让学生明白梦想是需要脚踏实地努力学习才能实现的,需要从道德与学识方面不断地完善自己,一点一点地实现自己的梦想。

🌳 队会后延伸教育活动

(1)了解更多名人梦想成真的故事。

(2)为大梦想设立小目标并付诸实际行动。

以暑假为试验期,教师设计学生个人成长手册(名为"我的未来不是梦,快乐暑假我先行"),发放给每个学生,让家长对孩子每周的具体表现进行打分。如何打分有具体的量化门路,内容包括八部分:健康篇、学习篇、浏览篇、特长培养篇、亲身沟通篇、文娱休闲篇、品格培养篇、自由支配篇。既关注好习惯的养成,又留出充分的创造空间和时间进行个性化培养。

设计意图:发挥学生和家长的主观能动性,实现相互促进的目标,从而激发学生不断为了实现自己的梦想而努力!

队会反思

这节课达到了预期的教学效果,运用较多的视听资料,取得了直观、富有感染力的效果,烘托了气氛,很好地完成了教学目标,引导学生树立正确的人生观。学生意识到国家和民族的前途命运与自己息息相关,了解了自身的责任和使命,更牢记"中国梦"的实现需要自身的刻苦努力,增强自己的民族意识,激发强烈的爱国情感。本次队会加深了教师对主题队会的理解,帮助教师积累了很多有益于今后专业发展的思考。

我行动,我能行

背景分析

为贯彻落实中共中央办公厅印发的《关于培育和践行社会主义核心价值观的意见》,切实把立德树人作为教育的根本任务,教师应针对当前的新形势、新要求,通过解读社会主义核心价值观的国家层面、社会层面、个人层面增进学生的理解,引导学生发现身边体现富强、民主、文明、和谐,自由、平等、公正、法治,爱国、敬业、诚信、友善的一系列案例。

本次班会活动主要通过解读社会主义核心价值观的个人层面增进学生的理解,引导学生发现身边的榜样,践行爱国、敬业、诚信、友善,为实现中华民族伟大复兴的中国梦而努力奋斗。班会通过故事让学生感受爱国、敬业、诚信、友善,以身边事例和历史故事为载体,呈现优秀的民族精神、奋发向上的时代精神,并把传统教育、品质教育与社会主义核心价值观教育相融合。

学生通过课外阅读和观看部分影像资料,对于中国的近代史有一定的了解。小学四至六年级的学生已经具备了搜集、调查、整理资料的能力,能通过小组合作、讨论交流,获取有价值的信息。借助丰富的拓展资源(如"时代楷模"公益广告《爱国》《追光》),学生可以真实地感受身边的美好。激发学生向楷模学习,做到爱国、敬业、诚信、友善。

班会目标

认知目标:学生能够深刻理解社会主义核心价值观中爱国、敬业、诚信、友善的含义,切实感受培育和践行社会主义核心价值观中爱国、敬业、诚信、友善的重大意义。

情感目标:学生能够明确正确的价值取向,自觉培育和践行社会主义核心价值观,扣好人生的第一粒扣子,切实做到爱国、敬业、诚信、友善,成为社会主义核心价值观的坚定信仰者、积极传播者、模范践行者。

行为目标:班会通过搜集资料、讨论交流等活动,培养搜集、整理、分析信息的能力,以及利用自己身边事例来表述观点的能力。

班会准备

学生准备:知道社会主义核心价值观个人层面的内容,搜集与之有关的案例。

教师准备:根据所确定的活动目标和设计的活动环节准备相关PPT、视频、歌曲。

班会过程

1. 活动一:感受品质,理解含义

播放感动中国十大人物片段,让学生说说这些人物的品质,引出社会主义核心价值观的爱国、敬业、诚信、友善。

同桌同学探讨,简要说出对"爱国、敬业、诚信、友善"的理解后,教师播放视频讲解。

爱国是基于个人对自己祖国依赖关系的深厚情感,也是调节个人与祖国关系的行为准则。它同社会主义紧密结合在一起,要求人们以振兴中华为己任,促进民族团结,维护祖国统一,自觉报效祖国。敬业是对公

民职业行为准则的价值评价,要求公民忠于职守,克己奉公,服务人民,服务社会,充分体现了社会主义职业精神。诚信即诚实守信,是人类社会千百年传承下来的道德传统,也是社会主义道德建设的重点内容,它强调诚实劳动、信守承诺、诚恳待人。友善强调公民之间应互相尊重,互相关心,互相帮助,和睦友好,努力形成社会主义的新型人际关系。

设计意图:初步认识社会主义核心价值观的个人层面,拉近学生与社会主义核心价值观的联系,同时初步激发其中的爱国情感,让学生感受社会主义核心价值观的重要性。

2. 活动二:分享资料,畅谈感受

学生课前搜集资料,课上交流、分享、展示。

我了解到的故事是_____。

我的感受是_____。

预设1:学生讲述爱国故事——廉颇与蔺相如的故事。

预设2:敬业的中国核潜艇之父——黄旭华。

预设3:晏殊诚实守信。

预设4:友善的张英与六尺巷。

设计意图:学生利用自己熟知的故事,感受爱国、敬业、诚信、友善的作用。

3. 活动三:观看视频,感悟意义

学生观看"时代楷模"公益广告《爱国》《追光》。

设计意图:学生利用最近发生的、身边的、感触最深的故事,感受爱国、敬业、诚信、友善对中华民族的伟大意义。

4. 活动四:尽己所能,表达思考

(1)学生用儿童画描绘出敬业。

(2)讲述自己或身边诚信的故事。

(3)表演:感受身边的友善。

预设:老人摔倒了有人扶。

5. 活动五：回顾反思，总结提升

教师：经过这节课的学习，我们再次感受到爱国、敬业、诚信、友善是多么的美好。大家谈一谈我们该怎样做。

学生发言。

爱国、敬业、诚信、友善，是一个统一的整体，在培育和践行社会主义核心价值观的过程中，必须努力遵循爱国、敬业、诚信、友善的价值规范，缺了哪一种也不能说是一个社会主义核心价值观健全的人。青少年是国家的未来、民族的未来。只要广大青少年都在自己的学习、工作和生活中践行爱国、敬业、诚信、友善的价值规范，我们的国家、我们的民族就会大有希望，中华民族伟大复兴的中国梦就一定能够实现。我们要继承中华民族传统美德，树立社会主义核心价值观。

班会后延伸教育活动

课后，继续延伸优秀品质教育，让学生积极参与，设计自己专属的优秀品质记录卡（与爱国记录卡格式一致），自己和家长参与评价，在班级进行展示。让学生根据优秀品质记录卡讲述自己坚持优秀品质的心得体会，营造人人崇尚优秀品质的氛围，养成良好的习惯。

"优秀品质小能手"推荐会：评选出班级"优秀品质小能手"，将体现优秀品质的照片送上班级"优秀品质墙"，鼓励学生继续培养优秀品质。

班会反思

本节班会课从感受爱国、敬业、诚信、友善引入，利用视频帮助学生理解含义，让学生分享资料，回顾案例，最后通过绘画、讲故事、情景剧表演等升华主题，学生参与度极高。学生将个人价值观与中国梦的实现结合起来，激发学生热爱党、热爱祖国的感情，并把这节课所获得的道德认识和道德情感转化成道德意志，落实到行动中，真正做到知、情、意、行统一。班会设计巧妙，从古到今，从大到小，家校共育，直击学生的心灵，教育性明确，教育效果明显，非常富有教育意义，教学效果很好。

同心共筑中国梦

📊 背景分析

习近平总书记在党的二十大报告中指出:"发展海洋经济,保护海洋生态环境,加快建设海洋强国。"青岛,凭借临海地缘优势和重要历史价值,历来就"主角光环加身"。青岛的发展与国家的海洋发展密不可分。本节班会课从研究性学习青岛栈桥的海防历史展开,以知识盲盒等工具展现祖国海防建设的发展,落实立德树人根本任务,厚植学生的爱国情怀。

本节班会课的授课班级为八年级班级,暑假里学生进行了"传承红色基因 争做新时代少年"主题研学活动。结合研学所学内容以及学生在其他学科课程中所学授课,培养学生的海防意识,从而落实《新时代爱国主义教育实施纲要》。

🎯 班会目标

认知目标:让学生通过对栈桥历史的研究性学习,了解青岛海防的发展历史;通过观看航空母舰的视频等,知晓国家海防建设的成就。

情感目标:班会通过海防知识竞赛,让学生学海、知海、爱海,感知国家海防的成就,增强民族自豪感,厚植爱国情怀。

行为目标:通过 RIA(便签学习法),学生自主归纳总结海防建设知识,培养团结协作能力。铮铮誓言活动引导学生找准现实立足点,勇担强国使命,为海防建设做出努力。

📝 班会准备

教师准备:PPT、视频、海防建设素材。

学生准备:对栈桥的研究性学习成果视频。

🔺 班会过程

1. 环节一:有海无防

(1) 新课导入。

教师:众所周知,"红瓦绿树、碧海蓝天"是青岛的名片,其实青岛还有"世界最美海湾"的美誉。青岛因海而兴,海岸线总长 905.2 千米,拥有大大小小 49 个海湾,其中青岛湾、汇泉湾、太平湾和浮山湾就在市南区,地处青岛湾的栈桥已经成为青岛的地标性建筑,你还记得第一次去栈桥的情景吗?

学生发言。

教师:老师第一次去栈桥的时候,看到这个长长的通往海里的桥,充满了好奇,它怎么会在这呢? 它是什么时候建的,又是为什么而建呢? 你是否也有这样的疑惑?

设计意图:"红瓦绿树、碧海蓝天",这样的景象犹如一幅生动的画卷,瞬间吸引了学生的注意力,不仅激发了学生的好奇心,还使他们以更积极的态度投入学习中去。

为了进一步拉近与学生的距离,教师采取了与学生共同回忆的方式,回忆曾漫步在栈桥上的情景,这成为师生心灵相通的桥梁。这样的情景回顾,不仅让学生感受到了教师的关怀与亲近,还为接下来的学习环节奠定了良好的基础。

在此基础上,教师巧妙地引出了下一环节的学习内容。通过回顾去栈桥的经历,教师逐渐引导学生思考那些与他们的生活息息相关的知识点。例如,栈桥的历史背景、建筑特色,甚至可以延伸到海洋生物的多样性等主题。这样的学习方式,不仅让学生在轻松愉快的氛围中获取知识,还能够培养他们的跨学科思维能力。

(2) 研究性学习——海防历史我研究。

活动内容:以栈桥为例,开展"海防历史我研究"的研究性学习,借助研究性学习框架,制订研究计划。

研究性学习框架:确定研究问题—确定研究方法—制订研究计划(时间、地点、任务、事件)。

设计意图:带领学生经历制订研究性学习计划的过程,让学生通过实地调查、上网查阅资料、采访老一辈青岛人等方法了解栈桥被侵占的历史,认识到栈桥见证了我国有海无防的屈辱过往,感知在中国近代史上海防力量的薄弱。

(3)我是小小讲解员。

活动内容:播放学生的研究性学习报告视频。

教师:通过小小讲解员的报告,我们了解到栈桥的历史就是中国海防史的一个缩影。晚清时期,西方列强通过坚船利炮打开了中国的国门,有海无防的惨痛教训迫使我们不得不进行海防的探索。自此,中国海防建设拉开了帷幕。

设计意图:自制的视频,用自己的语言,向同学们讲述了那段历史。这些历史事件让学生深刻地认识到,落后就要挨打,没有强大的国防力量,就无法保卫自己的家园。学生知道要铭记历史,珍惜和平,努力学习,为国家的繁荣昌盛贡献自己的力量。

2. 环节二:依海筑防

(1)知识盲盒——海防建设我来讲。

活动内容:各小组选一个知识盲盒,快速阅读其中材料并筛选内容,合作完成海防知识海报并展示。

小组海报展示要求:海报字大且清晰,可图文并茂;重点突出,不能照搬材料内容,表述流畅;小组共同展示,展示时间2分钟。

信息筛选方法:筛选、整合、归纳、整理。

设计意图:本环节采用拆书帮的读书方法RIA(Reading, Interpretation, Appropriation,便签学习法)的前两项,引导学生阅读相关材料,用自己的语言整理归纳海防知识,培养学生学习、整合、输出知识的能力,深入了解海防,树立爱国意识。

（2）海防知识大比拼。

竞赛共 10 道题目,双人参加竞赛。

设计意图:此环节在学生展示海报的基础上,利用希沃白板设置题目,让学生在竞赛中巩固海防知识,既活跃了气氛,提高了学生的兴趣和参与度,又考查了学生的听讲能力。

（3）观看纪录片《中国海军挺进深蓝》。

设计意图:学生学过八年级上语文课本第四课《一着惊海天》,这篇课文讲述了我国第一艘航空母舰"辽宁舰"舰载战斗机首架次成功着舰的过程,学生对航空母舰已经有初步的了解。此环节播放航空母舰相关视频,以点带面,激发学生深入学习海防知识的兴趣,也容易引起学生的共鸣,增强民族自豪感。

3. 环节三:向海强防

（1）我以我心系海防。

教师:同学们,你们作为国家海防建设的后备力量,应当以什么样的实际行动护海、强海呢？请在"舰载机"卡片上写下一条具体行动。

设计意图:引导学生思考如何成为海防建设的后备力量,通过立下铮铮誓言,将知识转化为行动(对应 RIA 中的 A,Appropriation);引导学生立足当下,展望未来。

（2）铮铮誓言我践行。

教师:请同学们起立,拿起手中的"舰载机"卡片,插到桌面的"航母甲板"上,带着我们的理想发出青春宣言。

宣言:生逢盛世,肩负重任,逐梦深蓝,强国有我。

班会后延伸教育活动

以"海防建设"为主题制订研究性学习计划,实地参观海军博物馆,了解更多海防知识,以绘画、视频、PPT 等形式向同学展示。

设计意图:体现主题班会教育的延展性。

班会反思

　　本节课以学生为主体，基于大的时代背景，落实立德树人根本任务，结合班级学生的实际，根据《新时代爱国主义教育实施纲要》的要求，以"蓝色海洋　强国有我"为主线。整节课通过制订研究性学习计划、运用 RIA、制作手抄报等方式让学生感知海防成就，通过将带有宣言的"舰载机"放到"航母甲板"上等待启航的实操活动，让学生沉浸在"学习圈"，既提高了学生的学习兴趣，又厚植了爱国情怀；在教学手段方面通过思维工具和希沃等多媒体手段拓展了学生的思维，提升了学生的核心素养。

第二部分　意志品质教育

意志品质是指一个人在行动中具有明确的目的,当面对困难和挫折时,能够坚定不移地追求自己的目标,不轻易放弃的品质。这种品质对于每个孩子的成长和发展至关重要。因此,教育一线的工作者们需要思考如何培养学生的意志品质。

要让学生明确自己的目标和方向。只有明确了自己的目标和方向,才能在面对困难和挫折时坚定不移地追求自己的目标。要让学生学会自我激励。自我激励是他们主动积极地投入学习和发展的重要能力。学生要学会在面对困难和挫折时,多给自己一些正面的激励和鼓励。只有学会自我激励,未来才能在面对困难和挫折时坚定不移地追求目标。要让学生学会坚持不懈。学生需要知道,成功不是一蹴而就的,需要经过长时间的努力和坚持。能取得成功的人耐得住时间的消磨,始终坚持,在坚持中不断蜕变。只有坚持不懈,才能在追求自己的目标的道路上走得更远。要让学生学会从失败中汲取经验,知道在成长的道路上我们经常要面对各种挑战和困难,我们难免会失败,但失败并不可怕,重要的是不断改进自己的方法和策略。

培养学生的意志品质,不是一蹴而就的,需要从多个方面入手,包括明确目标和方向、学会自我激励、学会坚持不懈以及从失败中汲取经验等。我们主要通过谈话法、观察法、讨论法对学生进行研究,了解学生的想法,然后针对不同的学生用不同的方法培养他们的意志力。本部分中,前三个活动主题为文明礼仪,后三个活动主题为劳动教育。

爱在文明，美在礼仪

班会背景

文明礼仪是当代小学生最基本的道德行为规范和文明素质的体现。讲文明、有礼貌、重礼仪是孩子们健康成长的需要。小学低年级是各种良好思想、行为习惯形成的初始阶段，培养学生良好的礼仪规范必须从小抓起。抓好少年儿童的文明礼仪教育，不仅关系着他们的健康成长，还关系中华民族文明的传承。

班会目标

认知目标：通过活动，学生能把校园礼仪的一些规范运用到生活、学习中。

情感目标：让学生懂得礼仪对于每个学生成长的重要性。

行为目标：培养学生从现在做起，从一点一滴做起，努力提高自己的文明礼仪修养，做讲文明、懂礼貌的好孩子。

班会准备

学生准备：总结良好文明习惯。

教师准备：根据所确定的活动目标和设计的活动环节准备相关PPT、视频、歌曲、图片。

班会过程

1. 环节一：故事引入

教师：今天班会课前，老师先给大家讲一个小故事。

一只小花猫无意中走到了一面镜子前，看见里面有一只小花猫，正瞪着大眼睛看着它,小花猫有点不高兴了。"你是谁?为什么老瞪着我?"小花猫怒气冲冲地问。谁知镜子里的那只小花猫也张大嘴巴,怒气冲冲地说:"你是谁?为什么老瞪着我?"这一下,小花猫气坏了。它弓起背,瞪圆了眼,"喵——喵"大叫两声,扑了过去。谁知那只小猫也十分生气地向它扑过来。只听"砰"的一声,镜子前后晃动起来,小花猫吓坏了,赶快跑去找妈妈。妈妈听小花猫说完,笑了,对它说:"你去和镜子里的小伙伴和和气气地谈谈,看它会怎样。"小花猫回到镜子前。这一回它没有瞪眼,而是笑眯眯地说:"喵——喵——你好!"咦?镜子里的小花猫不生气了,也笑眯眯地说:"喵——喵——你好!"小花猫高兴极了,又去告诉妈妈。妈妈认真地对它说:"孩子,记住,要想让别人尊重自己,首先要学会尊重别人。"

教师:老师的故事讲完了。请聪明的你们思考几个问题:小花猫怒气冲冲地对着镜子时,发生了什么事?

学生:镜子里的小花猫也怒气冲冲地对着它。

教师:小花猫和和气气地对着镜子时,又发生了什么事?

学生:镜子里的小花猫也和和气气地对着它。

教师:你们从这个故事中学到了什么做人的道理?

学生:要想别人尊重自己,首先要学会尊重别人。

教师:同学们回答得真好!尊重是相互的,我们如何待人,别人就会如何待我们,就像照镜子的小花猫一样。中国有句古话叫"礼尚往来",讲的就是这个道理,我们对别人有礼貌,别人自然也会对我们有礼貌。那么让我们一起进入今天的班会:爱在文明,美在礼仪。

设计意图:低年级学生的思维以形象思维为主,容易被形象直观的图片、活泼生动的语言和有趣的情境所吸引,所以以此引入班会主题,激发学生的兴趣;再引导学生结合自己的生活实际,引发学生思考。

2. 环节二:聚焦校园礼仪

(1)现场采访。

教师:班上来了两位小记者,小记者今天要对同学们的校园礼仪进行一次现场采访,同学们加油吧!

小记者甲：在校园见到不是自己班上的老师，你会怎么做？

学生1：学校里的老师都是我的老师，或许还有参观校园的客人，我都会停下脚步，面带微笑、敬礼，和老师、客人打招呼："老师，您好！"

小记者乙：在去教室的路上，看到地上有一块苹果核，是装没看见还是采取其他行动？

学生2：苹果核很脏，但我还是会把它捡起来丢进垃圾桶里，然后洗手，回教室。地上有垃圾看起来不美观，还有可能让小朋友摔伤。

小记者甲：大家下楼做广播操时，有人不小心推了你一下，你的脚又被后面的一位同学踩了一下，这时你会发火吗？

学生3：我可能不会发火的，我要让他向我道歉。

学生4：即使对方没有给我道歉，我也原谅他们，因为下楼做广播操时人很多，谁都不是故意的，万一停下会妨碍到更多的人通过，我们要以宽广的胸怀原谅他人无意的过失。

小记者乙：你看到有同学拿着画笔在墙壁上画画，你会怎么处理？

学生5：我会对他说，不能在墙上乱涂乱画，这是不文明的行为。

学生6：我会耐心地对他讲，乱涂乱画是不文明的行为，这会使我们的校园变丑，那么我们在这里读书都不快乐了。让我们一起把墙壁擦干净吧，我们都要爱护校园。

学生7：我会马上去通知老师。

小记者甲：某班的课代表拿着一叠作业本，在路上不小心滑了一跤，你从不远处见到了这一幕，你是无视呢，还是跑过去帮忙？

学生8：我会跑过去帮他把作业本捡起来，我们要互相帮助。

学生9：我会把跌倒的同学扶起来，送去校医那看看。

学生10：我会扶起滑倒的同学，如果他没有受伤，就让他回教室休息，我帮他拿作业本给老师。

小记者乙：同学打扫卫生时不小心把水滴弄到你身上，你会怎么做？

学生11：我不会生气，因为他在打扫卫生，没有看到我。

小记者甲：有高年级哥哥要打你的弟弟，你会直接打他吗？

学生12:我不会打他的,我会对他说打人不道德,我会告诉老师,告诉家长。

小记者乙:一个同学在操场上捡到10元钱,你看到了,她要给你2元,但是要求你不能和其他人说,你会同意吗?

学生13:我不会同意,我也不要她的钱。

学生14:我会对她说,老师教我们要拾金不昧,捡到的东西要上交,要还给失主,说不定人家急用呢。

学生15:我会告诉她把捡到的钱上交大队部。

教师:通过小记者采访,我了解到我们班的同学都是讲文明、懂礼貌的好孩子。

(2)小品表演。

教师:除了刚才小记者提问涉及的礼仪知识之外,我们还应该注意哪些方面的礼仪呢? 下面请欣赏小品,看看其中的人物是如何做的。

第一场:值日生刚打扫完卫生,把垃圾拿去倒。学生A吃完香蕉,随手就把香蕉皮扔在地上。学生B正唱着轻快的歌儿经过,不小心踩到香蕉皮,摔了个四脚朝天。学生B爬起来之后,拍拍屁股,骂了一句"真倒霉",就离开了。

第二场:学生C背着书包准备回家,当他经过这个地方时,差点也踩到香蕉皮,但他并没有立即离开,而是弯下腰把香蕉皮捡起来,经过垃圾桶的时候,把它扔了进去,然后高高兴兴地回家去。

教师:看完这个小品,大家有什么感想呢? 你是A,是B,还是C呢? 下次再碰到类似的事情,你又会怎样做呢?

学生发言交流。

教师:是啊,校园的环境卫生和我们息息相关。在校园里乱扔果皮、随地吐痰等不文明行为,不仅影响校园的美观,还关系我们的健康。

(3)文明礼仪宣讲。

教师:同学们,通过上面的学习交流,相信每个同学的心中都有了自己的想法。下面以小组为单位讨论一下在学校里大家应该怎样做才能称得上是"文明礼仪小标兵"?

第一小组：在校园里，遇到老师、同学点头问好。课间不追撵，不打闹，上、下楼梯靠右行。不说脏话，不喧哗，轻声细语讲文明。

第二小组：少先队员要做到，讲文明，讲礼貌。唱着童谣去学校，路遇老师先问好。同学相见说声早，礼仪常规最重要。进校要走人行道，不穿操场和跑道。上下楼梯不乱跑，遵守规则向右靠。看见纸屑勤弯腰，爱护环境莫忘了。上课听讲神不跑，积极发言勤思考。下课不追不打闹，文明玩耍就是好。同学不能大欺小，团结友爱校风好。

第三小组：文明之花开满校，学生个个有礼貌。见到老师行个礼，同学之间不打闹。热爱劳动讲卫生，果皮纸屑不乱扔。上课听讲要认真，同学发言会倾听。花草树木要爱护，校园处处是新貌。

第四小组：小朋友们进学校，人人学会讲礼貌。升国旗时站得好，注目行礼记得牢。见到老师敬个礼，见到同学问声好。学校纪律能遵守，追跑打闹不能要。学校财物都爱护，垃圾脏物不乱抛。安全节俭做得好，学校以我为骄傲。

教师：每个小组的校园文明礼仪宣讲都很精彩，我们要坚决与不文明行为划清界限。老师相信同学们能说到做到！

设计意图：在校园里，很多学生心里知道要讲文明、懂礼貌，但很难做到。本环节通过现场采访、小品表演等形式，让学生和不文明的行为"碰一碰"，让学生感受一下遇到真真切切的问题时该怎么做，这样才会有更大的收获。

3. 环节三：文明礼仪代代传

教师：老师再给大家讲个故事。一位同志被组织调到刘少奇身边工作。第一次见面，刘少奇对他说："我这里文件很多，有情况简报，有各省、各部门送来的报告，我看不完，因此，请你来帮个忙。"刘少奇还说："忙起来之后，我可能会忘记一些事，请你不必多顾虑，尽管大胆提醒我。"刘少奇因为工作非常繁忙，除去吃饭时间，经常工作到深夜，中间很少休息。身边工作的同志看到这种情况，为了保证他的身体健康，就常在他工作了一段时间后，走到他的身边提醒或劝告他休息一下。可是，因为刘少奇工作起来注意力非常集中,以致有时对劝告他的同志不大在意,或者没有答复。过后,刘少奇却以内疚的心情对身边的工作人员说:"你们叫我休息,我十分感谢你们。但是,有时我的精力过于集中,对你们的好意,可能态度生硬了一点,对不起,请你们谅解。"

同学们,"请帮个忙""请你们谅解"是刘少奇对他身边工作人员常说的话。这些话听起来很普通,实际上都表现着他对别人的尊重和语言的文雅。中华礼仪是祖先留给我们宝贵的历史文化遗产,中国以"礼仪大国""礼仪之邦"的美誉著称于世。我们要继承先辈的优良传统。在礼仪源远流长的中华大地,我们应该把属于中华儿女的美德发扬光大。

设计意图:中国是世界上公认的礼仪之邦,从古代的孔融到近现代的国家领导人都是中华文明的传承人。当代小学生应该有历史责任感,将中华文明传承下去。

4. 环节四:班会总结

教师:同学们,通过今天的班会课你有什么收获?

学生交流。

教师:同学们,和谐美好的校园生活要靠大家来创造。爱在文明,美在礼仪,让我们一起用歌声唱响吧!

播放《咱们从小讲礼貌》的歌曲。

教师:同学们,"勿以恶小而为之,勿以善小而不为"。文明行为,贵在实践。文明就餐、文明用语、文明交往……看上去都是日常学习、生活中的小事,但真正做起来并不容易。我们每位同学都要做到举止得体、言行文明、品德高尚、尊敬师长、尊重他人,以自己的实际行动,告别各种不良行为,做一个新时代的文明少年!

设计意图:鼓励学生时刻注重文明礼仪,并再次深化活动主题,引导学生从小事做起,激励学生养成讲文明、有礼貌的良好习惯。

班会后延伸教育活动

课后,继续延伸文明教育。学生和家长一起讨论制定家庭文明公约,自己和家长参与评价,每周进行展示,营造良好的家庭氛围,养成讲文明、懂礼貌的好习惯。

"礼仪小标兵"推荐会:评选出班级"礼仪小标兵",将他们的照片贴到班级"文明礼仪宣传栏",鼓励同学们注重文明礼仪。

设计意图:习惯的养成贵在坚持,本次班会后借助家校联合,让学生养成每天讲文明、懂礼貌的良好习惯。

班会反思

本节班会课让学生懂得中国是世界闻名的礼仪之邦,讲文明、懂礼仪是中华民族的优良传统,还是现代文明人必备的美德。本次班会课使学生继续保持优良传统美德,从小养成良好的行为习惯,初步树立社会责任感。

文明礼仪成就美德少年

背景分析

尽管高年级小学生从小就知道要做讲文明、懂礼貌的好孩子,但由于年龄增长,生理变化,抽象思维能力进一步发展(此时期即我们常说的叛逆期、青春期),他们往往以自我为中心,不懂得真正尊重他人。他们的个性往往过于张扬,甚至不经意就会引发一些与他人的矛盾与纠纷,影响了人际交往,也不利于自身的成长。因此,此主题班会的设计在于引导学生注重文明礼仪,提升个人素养。

班会目标

认知目标:使学生继承和发扬中华民族的优良传统,体会文明礼仪的重要性。

情感目标:让学生树立正确的人生观、价值观,懂得讲文明、懂礼仪是美德,是一个现代文明人必备的品质。

行为目标:培养学生从现在做起,从一点一滴做起,不断提升自己的文明礼仪水平,养成良好的行为习惯,争做美德好少年。

📑 班会准备

(1)准备中华文明礼仪故事资料,并阅读美德少年的事迹。

(2)准备小学生讲文明、懂礼仪的音像及文字资料。

(3)提前准备有关节目。

✨ 班会过程

1. 环节一:班会导入

教师:同学们,中国自古以来就是礼仪之邦,讲文明、懂礼仪是中华民族的优良传统。历史上有很多讲文明、懂礼仪的故事至今仍在影响着人们。让我们重温《孔融让梨》《程门立雪》文中讲述的故事。

播放视频,学生观看。

设计意图:让学生认真看视频,看后谈感受,认识到我国自古就是礼仪之邦。

教师:同学们已经是高年级的小学生了,老师相信多数同学是懂得要做讲文明、懂礼貌的好孩子的。但不排除仍有一小部分同学并不注重个人修养,还存在一些不文明现象。"文明礼仪成就美德少年"主题班会课现在开始!

设计意图:激发学生的学习兴趣,并引起他们的深思。

2. 环节二:活动过程

(1)校园处处讲文明。

播放几个不文明行为导致摩擦或冲突发生的案例视频,让学生讨论并说出感受。

设计意图:通过观看视频并讨论,学生意识到注重个人礼仪的重要性。

教师:《论语》中讲"不学礼,无以立"。做人要有礼貌,没有礼貌,怎么做人啊?从小,爸爸妈妈就告诉我们要做一个有礼貌的孩子。踏进校园,老师就告诉我们做人要讲文明,懂礼貌。那么在校园里,我们该如何讲究文明礼貌呢?请分小组讨论、交流。

汇报交流:每小组指一名同学汇报。其他同学鼓掌欢迎。

甲:学生到学校门口三条线时,自觉排队等候入校,家长不进入三条线内;整理好衣服进校,不得散开衣服或穿奇装异服进校。

乙:预备铃响,做好等候老师上课的准备;学生迟到进教室,要先喊"报告",经老师同意后,再进入教室;学生有急事需出教室的,要先起立,向老师报告,经老师同意后再出教室;下课时,起立和老师互道再见(课堂礼仪)。

甲:课间休息,不大声喧哗,不追跑打闹,轻声慢步,进行有益于身心健康的活动(课间礼仪)。

乙:学生在校园内进出或上下楼梯与老师相遇时,应主动向老师行礼问好;学生进老师的办公室时,应先敲门,经老师允许后方可进入;在老师的工作、生活场所,不能随便翻动老师的物品(尊师礼仪)。

甲:同学之间可直呼姓名,不能用外号等非礼貌用语称呼同学;需要同学帮助时,须用"请""谢谢""麻烦你"等礼貌用语;借用学习和生活用品时,征得同意后再拿,用后应及时归还,并要致谢(同学间礼仪)。

乙:学校集会,各班以班级为单位整队入场,按时到达指定地点,做到"快、静、齐",坐端正,做文明观众(集会礼仪)。

设计意图:安排这个汇报环节,学生对文明礼仪的认识由抽象到具体,明确了自己今后的具体做法。

教师:同学们,做到以上要求可以提升个人魅力呢,加油!文明就在我们的生活里,就在我们的身边,在我们的校园里。希望大家今后都做讲文明、懂礼貌的好学生,给低年级的弟弟妹妹做出榜样。我们再来交流一下个人礼仪要注意哪些方面。

（2）个人礼仪我能行。

情景剧表演：被指定的一个小组表演有关说文明话、做文明事的情景剧。

请学生总结个人礼仪注意事项：第一，使用礼貌用语"您好""请""谢谢""对不起"等，交谈时掌握说话分寸。第二，仪态举止方面：交谈时，双方要互相正视，互相倾听，不能东张西望；站立时头正，面容平和自然，双肩放松，躯干挺直，双臂自然下垂于身体两侧，双腿立直；入座时轻而稳，双肩平正放松，上体自然挺直，双膝自然并拢；离座时，要自然稳当，右脚向后收半步，而后站起；走路时轻而稳，胸要挺，头要抬，肩放松，双眼平视，面带微笑，自然摆臂。第三，养成良好卫生习惯：勤洗澡、剪指甲，服装得体、整洁。

教师：相信同学们都能注重个人礼仪。

设计意图：学生明确需要注意的问题，便于更好地指导自己的言行礼仪。

（3）学会社交礼仪。

教师：下面有请美德少年代表给我们讲社交礼仪。

美德少年代表上前讲解。餐桌礼仪：餐前洗手；待主人示意后开始用餐，夹菜文明，细嚼慢咽，不挑食，动作文雅，不发出不必要的响声；有人夹菜时不转餐桌；餐末，正确使用餐巾或餐巾纸擦嘴；爱惜粮食，不浪费。递物与接物：递物与接物时须用双手，表示对对方的尊重。在公共场所遇到师长、邻居长辈或其他亲朋好友主动打招呼。邻里之间讲究礼节，相互关照，邻居有困难时，主动帮助。

设计意图：由身边的美德少年指导，补充社交方面需要注意的礼仪，充分发挥榜样引领作用，可以收到更好的教育渗透效果。

3. 环节三：活动小结

教师：希望同学们今后都能注重文明礼仪，人人争做美德少年！

班会后延伸教育活动

（1）制定美德少年评比细则，评出班级首批美德少年，并在班级公示栏宣传。

（2）开展"家中的文明礼仪"亲子活动。

学生和家长共同制定家庭文明礼仪常规，家庭成员之间互相点赞或互相纠正不良习惯，不断提高家庭的文明意识。开展系列感恩教育活动。利用节假日、休息日开展"家庭内务我在行""给妈妈的惊喜""我给长辈准备生日礼物"等活动，让孩子学会做力所能及的家务活，在潜移默化中受到孝亲敬老的教育。开展"小手拉大手，文明伴我行"亲子活动。家长和学生一起走进街道清理白色污染，指导社区居民分类投放垃圾，积极参与社区公益劳动等，真正做到与文明同行。

班会反思

中国自古以来就是文明礼仪之邦。学校从一年级就引领学生诵读和学习《三字经》，还通过创编儿歌、诵读其他国学经典等活动，让学生受到品德教育，切实从一言一行对学生进行文明礼仪的渗透教育。开展本次班会的班级一学期评选两次"美德少年"，激励学生争做新时代美德少年，取得了不错的效果，班风正，班级常规好。

仪容仪表显中学生风采

背景分析

《中小学德育工作指南》要求：德育工作要"符合中小学生年龄特点、认知规律和教育规律，注重学段衔接和知行统一，强化道德实践、情感培育和行为习惯养成"。

初中阶段学生正处于人生观、世界观、价值观确立的关键时期，在纷繁复杂的社会环境与网络生态中培养学生树立正确的三观尤其重要，以文明礼仪教育为关键切入点。此外，由于青春期学生好奇心重，思维活跃,辨别能力不完善,叛逆心理作崇等,部分学生出现不讲文明礼仪现象。本次班会课是进行文明礼仪教育的重要途径。

班会目标

认知目标:通过查阅传统礼仪资料,学生认识到中华优秀传统文化中的礼仪道德要求;通过阅读与分析材料,学生认识到在社会与人际交往中遵循文明礼仪要求的重要性。

情感目标:通过情境体验等活动,学生认同礼仪对于个人成长的重要性,初步树立社会责任感。

行为目标:演示、讨论等活动让学生在日常生活中继承中华民族传统美德,将良好的礼仪习惯落实到行动中。

班会准备

教师准备:搜集文明礼仪的故事等资料,准备中学生仪表礼仪的资料。

学生准备:整理日常生活中自己或同学的不文明行为案例,结合社会主义核心价值观个人层面要求及《中小学生守则》的要求思考中学生应有的文明礼仪。

班会过程

1. 环节一:引经据典

教师出示清朝儿童启蒙读物《弟子规》,通过播放视频简要介绍,《弟子规》列举了为人子弟在家、外出、待人、接物、处世、求学时应有的礼仪规范。

师生共同研究《弟子规》片段:"冠必正,纽必结,袜与履,俱紧切。置冠服,有定位,勿乱顿,致污秽。衣贵洁,不贵华,上循分,下称家。"

要求:依托工具书,在小组内直译《弟子规》片段内容;根据《弟子规》要求对衣着规范进行演绎。

这一段的解释:出门帽子要戴端正,穿衣服要把纽扣系好。袜子和鞋子都要穿得贴切,鞋带要系紧,这样全身仪容才整齐。应把脱下来的帽子和衣服放在固定的位置,不要随手乱丢乱放,以免弄皱弄脏。穿衣服注重的是整洁,不在衣服的昂贵华丽,而且要依据自己的身份穿着,也要适合家庭的经济情况。

设计意图:此环节通过解读《弟子规》片段内容,引导学生认识到仪容仪表规范是文明礼仪的重要组成部分,将文明礼仪与优秀传统文化相结合,让学生明确中国被称为礼仪之邦,礼学是中国文化的重要组成部分,也提高了学生的文化素养。

2. 环节二:观事明理

出示一些中学生的仪容仪表图片,提出问题:对此你有什么看法?

要求:学生四人一组讨论,并以小组为单位派代表在班级内交流。回答模板:我的看法是_____。

设计意图:此环节通过图片,让学生直观地认识到仪容仪表是自己对外呈现的第一印象,理解仪容仪表是个人文明礼仪的一部分。随着时代的发展,传统礼仪的内容与作用在不断发展变化、完善更新,但礼仪在现代社会生活中的低位是无可替代的。在现实生活中,礼仪具有完善个人形象、改善人际关系、促进社会和谐的功能。

3. 环节三:规矩方圆

《论语》中有"文质彬彬,然后君子",仪容仪表是个人涵养的外在表现。注重仪容仪表,既是尊重自己,也是尊重他人。

(1)头脑风暴:根据以上两个环节的学习,小组内讨论问题——当代中学生应呈现出怎样的仪容仪表?将讨论结果以关键词的形式呈现在海报上,并进行交流。

(2)归纳点赞:整理各组讨论成果,学生在自己认可的内容上贴上点赞贴,每人贴5个,将认可度高的内容归纳形成中学生基本仪容仪表礼仪。

中学生基本仪容仪表礼仪:衣着洁,手脸净;扣系好,帽戴正;头常洗,发常理;仪表美,展新风。具体要求:男同学不得留长发,不得剃光头,不留怪发型,不染发、烫发,不理碎发,做到前不过眉、旁不遮耳、后不过颈。女同学理齐耳短发或扎马尾辫,前额刘海不过眉;不涂脂抹粉,不画眉毛,不画眼影,不抹口红,不涂指甲油;不披散头发、烫发、染发,不理碎发,不梳怪发型。穿戴整洁、朴素、大方。不穿拖鞋,不穿奇异服,不盲目追求名贵服饰。不佩戴耳环、项链、戒指、手镯、手链等饰物。

(3)播放青岛24中学生仪容仪表礼仪视频。让学生根据视频调整个人仪容仪表,小组内成员互相提醒纠正,邀请各组最规范的同学进行课堂演示。

设计意图:此环节通过头脑风暴及点赞整理的方式,引导学生自主形成中学生仪容仪表礼仪要求,并对其产生认同;通过青岛24中学生仪容仪表礼仪视频和课堂演示,让学生直观地了解中学生仪容仪表,形成正确的价值观。

4. 环节四:学以致用

出示案例材料,让学生根据材料内容讨论并回答问题。

材料:开学了,小丽拿出了校服。她想:这套衣服太没有个性了,大家都这么穿,太没有新意了。于是她先把衣服上的松紧带拆了,又花了五元钱找裁缝把裤腿给改瘦了,还在校服的背面画上了很多卡通画以及一些网络流行语。小丽对自己设计改装的校服很满意。第二天,她把这套衣服穿到了学校里,大家都向她投来了异样的目光。可小丽开心极了,她认为这叫个性。结果,小丽被请到了政教处……

(1)同学们,对于小丽这种行为,你有什么想法呢?

(2)对于学校要求统一穿校服,你是如何看待的?这样对我们有什么好处?

(3)假如你是小丽的同学,请你指出她的问题,并告知她解决方案。

设计意图:此环节通过设计贴近学生学习与生活的情境,让学生在情境活动中体验,在体验中感悟。此环节通过对真实情境与案例的分析与解读,结合层层递进的问题,让学生建立对规范仪容仪表的认同并且实践;在劝导小丽的过程中实现所学内容的内化整合与输出,在加深理解的同时应用起来。

5. 环节五:知行合一

以小组为单位,展示符合中学生文明礼仪的仪容仪表,并评选班级文明礼仪之星及文明礼仪优秀小组。

设计意图:此环节通过评选活动明确规范学生仪容仪表的目标,并在竞争中形成积极落实的主动心态及文明礼仪的高标准、严要求;充分激发学生的好胜心理,在个人与集体奖项的评选中形成良性竞争氛围,增强班级凝聚力。

班会后延伸教育活动

(1)开展"我读《弟子规》"读书活动,学生撰写读后感并进行交流。

(2)开展文明礼仪之星与文明礼仪优秀小组展示活动。

班会反思

本次班会是针对初中学生的年龄特点及日常学习生活中不经意地展现出的不文明现象进行的教育活动。当下网络传播内容良莠不齐,学生从中吸收的信息繁杂,学生缺乏一定的判断力,会出现对部分不恰当行为"跟风""盲目学习"等现象;加之学生正处于自我意识快速成长阶段,直截了当地当面教育可能会出现治标不治本的问题,甚至造成学生的逆反心理。本课从《弟子规》对礼仪的要求引入,冲淡班会课的说教感,让学生在小组合作中主动走进优秀传统礼仪文化历史悠久且应传承不息的情境;以中学生仪容仪表为代表的文明礼仪规范,不直指学生在日常生活中的错误表现,而通过将学生从学习者转变为教育者的身份,借分析案例、帮助错误朋辈改变的方式来树立学生的正确认知,潜移默化中实现自我教育。美中不足的是,由于时间有限,环节五无法在课堂上展示,及时将该环节调整为本班常规小组量化评选活动,每月评选一次,鼓励学生在竞争中培养良好习惯。

"劳"有所为,"动"有所乐

背景分析

根据《新时代爱国主义教育实施纲要》要求,应广泛组织开展实践活动。《中小学德育工作指南》指出要"加强劳动实践,在学校日常运行中渗透劳动教育"。应引导小学低年级学生提高日常生活自理能力,感知劳动乐趣,树立劳动意识。

教师通过调查发现,本班学生既没有积极的劳动态度,也少有珍惜劳动成果的认知,更缺少劳动实践的想法。基于此,本节主题班会对学生进行劳动意识的启蒙教育,引导学生了解最基本的生活技能,培养劳动意识,增强劳动能力。

班会目标

认知目标:引导学生学会整理桌洞等劳动技能。

情感目标:树立正确的劳动观念,感受劳动之美,共享劳动之乐。

行为目标:锻炼学生的劳动能力,使学生学会劳动,自觉劳动。

班会准备

学生准备:有劳动的体验,对劳动有初步的了解;和老师一起捕捉镜头下的劳动瞬间;准备"妈妈的一天"调查图和统计表。

教师准备:根据所确定的活动目标和设计的活动环节准备相关PPT、视频、歌曲、图片、"桌洞整理小能手"的小奖杯、家务劳动资料包和懒洋洋的角色设计。

🔺 班会过程

1. 环节一：创设情境"知"劳动

创设情境：以不爱劳动的同学懒洋洋导入。

教师：今天给大家介绍一位新朋友，他的名字叫懒洋洋。你好，懒洋洋！懒洋洋，你平时劳动吗？

懒洋洋：我才不劳动呢！劳动多累啊！

教师：懒洋洋说出了一部分同学的心声，那么我们应该怎么对待劳动呢？今天老师是列车长，咱们就乘着劳动号小火车带着懒洋洋开启"劳"有所为，"动"有所乐之旅吧。（黑板上显示课题："劳"有所为，"动"有所乐）劳动其实无处不在，你发现哪里有劳动了吗？

学生聊一聊自己发现的劳动场景。教师及时评价总结，归纳至家庭、学校和社会三个板块。

设计意图：低年级学生的思维以形象思维为主，容易被形象直观的图片、活泼生动的语言和有趣的情境所吸引，所以以此引入主题，激发学生的兴趣；再引导学生结合自己的生活实际寻找家庭、学校和社会上的劳动场景，引发学生思考。

2. 环节二：行为对照"悟"劳动

活动一：在家庭中寻找——今天当"妈妈"的我。

（1）观看视频，习得劳动。

教师：劳动号小火车出发啦，第一站温馨的家。我们先去家里看看妈妈一天都在做什么吧？

播放视频"妈妈的一天"。

（2）心灵触动，分享交流。

教师：同学们，看了妈妈的一天，你有什么想说的吗？

引导学生体悟妈妈的辛苦、劳动的意义以及劳动带来的美好环境。

预设：妈妈很辛苦！妈妈一天干了好多活呀！妈妈太累了！

学生讲述自己做的"妈妈的一天"劳动调查图和统计表。

教师：你观察得很仔细！你的感触很深刻！同学们，可这只是妈妈其中一天的劳动，希望大家回家之后和妈妈换一天岗，体会妈妈劳动的辛苦。

（3）小报拼贴，承担家务。

教师：妈妈的劳动让家里干净整洁，你在家里又做了什么呢？现在以小组为单位展示自己的家务劳动，讲一讲你劳动的故事吧。

每人打开家务劳动资料包，拼贴家务劳动图，以小组为单位讲述劳动故事。学生交流完毕，展示学生作品，将其随机贴在黑板上（三个学生作品）。

懒洋洋：哇，大家在家里都这么热爱劳动啊！我不仅看到大家的劳动成果，还感受到大家快乐的心情，这可真是"劳"有所为，"动"有所乐呀！

教师：是呀，作为家的一分子，我们也有承担家务劳动的责任和义务。

活动二：在学校中寻找——眼睛里勤劳的你。

（1）劳动瞬间，镜头再现。

教师：劳动号小火车继续前进，从温馨的家里驶出，到达第二站——美丽的校园。接下来我们跟着拍到的画面到学校走一走，这是前段时间老师和大家在校园里捕捉到的劳动瞬间。哪位小摄影师来讲讲照片背后的故事？

引导学生观看图片，挖掘照片背后的劳动内涵。

（2）背后故事，娓娓讲述。

学生分享照片背后的故事（指2名学生交流）。

预设：这是我们学校的园丁叔叔，他每天早晨修剪枝丫，让学校的花园更有生机了。他握着锄头，刨土施肥，各种植物在他的精心培育下更有生命力了！

预设：还有我们班的值日生，每天要拖好几遍地，在他们的认真打扫下，我们的走廊总是又干净又明亮！

教师总结：对呀，园丁叔叔的劳动让校园生气勃勃，还真是"劳"有所为呀！你们真是一群有心的小观察员！值日生的劳动成果让大家有了好心情,这也是"动"有所乐啊!

(3)整理桌洞,体验劳动。

教师:我们每个人都是学校的小主人,低头看看你们的桌洞,你能用劳动改变什么呢?

预设:我们要把书和本子分开,让桌洞干净整洁;我们不能让桌洞乱糟糟的;我们要学会整理桌洞。

直接出示整理桌洞的方法。

教师:现在给大家5分钟时间整理桌洞,争当劳动小能手!

刚才有同学在最短的时间内将桌洞整理好,我们请他来分享一下经验。

选整理得最好最快的三名同学当劳动之星,并颁发奖状。

懒洋洋:你们太棒了,这么短的时间,通过劳动让教室干净整洁了!劳动真神奇! 我也来试试。

教师:是呀,桌洞整洁了,心情也就自然变得愉悦了,这就是"劳"有所为,"动"有所乐! 作为学校的一分子,我们每天也通过劳动让校园变得更美好了。

活动三:在社会中寻找——岗位上平凡的他。

(1)介绍行业,了解岗位。

教师:家庭的干净整洁是家庭成员共同创造的,学校的美丽洁净是校园里每一个人创造的,那么"多彩"的社会是谁创造的呢? 劳动号小火车继续前进,从美丽的校园驶出,来到第三站——"多彩"的社会,让我们去了解不同岗位上的他们。

播放医生、环卫工作者、警察介绍自己职业的视频,突出劳动主题。

医生:大家好,我是一名外科医生。早晨查房一结束,我就马不停蹄地赶往门诊室,在那里,已经有很多患者等着看病了。在上午坐诊的时间里我们几乎坐着不动,嘴巴说个不停,为节省时间,几个小时内不喝一口水,上午坐诊结束,下午就要进手术室了。治病救人是我们的日常劳动,哪怕辛苦,也要为了生命而努力!

懒洋洋:原来患者的康复和我们的健康都是医生辛苦劳动换来的!

教师:是呀,这只是社会劳动的一个岗位,你还知道哪些? 让我们去了解他们吧。

环卫工作者:我是一名城市的美容师。在凌晨和深夜,我们奔走于大街小巷,在安全第一的情况下进行保洁工作,然后收集垃圾,清运至垃圾站。天天劳动是为了我们的城市更干净、美好!

警察:大家好,我是一名人民警察。上午我在户籍大厅办理身份证,指导大家拍照,录入指纹。接着处理警情,走访慰问困难群众。帮独居老人打扫卫生,向社区老人普及防养老诈骗知识,再为腿脚不便的群众上门服务。日复一日、年复一年,干的都是最基础的事情,不停地劳动让警察工作有价值、有意义!

学生结合自身在班级中的岗位边思考边观看视频。

(2)结合自身,加深认知。

教师:同学们,看完这个视频,我想采访采访我们班的小"警察",请问你是如何处理班级公务的呢?

演一演:我是班级的小"警察",8:00啦,我赶紧到门口站岗,帮助老师给同学们记下测试的体温,帮助同学们做好手消毒;上午10:00,赶紧组织同学们做课间操,提醒同学们该值日了。12:00了,老师要给同学们分饭了,我提醒同学们去洗手,维持秩序,帮助他们挤洗手液。当同学们之间发生矛盾的时候,我组织大家到桌旁冷静一下,了解事情的经过,和一名小"法官"张赵祤珩同学公平公正地处理,就像视频中的叔叔一样。下午放了,我提醒同学们站好队,不要忘拿水壶。这真是忙碌的一天啊。

教师:感谢小"警察"和小"法官"的表演,辛苦了,正是你们的劳动创造了同学们之间的和谐之美! 这位后勤保障部的同学,你又是怎么做的呢?

后勤保障部的同学:每天中午老师分饭的时候,我都是先从餐车上取下垃圾袋,套在垃圾桶上,方便大家倒掉厨余垃圾;然后按顺序给同学们分发水果,同学们吃完之后,我再提醒大家把地面和桌面收拾干净。

教师:看,劳动让班级生活更美好了! 谢谢你,可敬的劳动者!

教师:懒洋洋,我们火车之旅即将结束,这次旅行中你有什么收获呢?

懒洋洋:这次旅行让我感受到无论在家里、学校还是社会,劳动都不可缺少,我们也会因为劳动而快乐。以后我也要热爱劳动!

(3)歌曲敬献,颂扬劳动。

教师:瞧,同学们在自己小小的岗位上发挥着光和热,社会上的大人们也在自己的岗位上贡献力量,这才有了我们和谐美好的生活环境。劳动最光荣,我们一起用歌声唱响劳动吧!

播放《劳动最光荣》歌曲。学生齐唱《劳动最光荣》。

教师总结:作为社会的一分子,我们要立足岗位,热爱劳动,为社会发展贡献自己的一份力量。

设计意图:《中小学德育工作指南》中指出小学低年级的学段目标是"初步了解生活中的自然、社会常识"等,"养成基本的文明行为习惯",形成"有责任心等良好品质"。学生自己调查妈妈的一天,联系到自己是家庭的一分子,也应承担家务劳动;从自己捕捉的学校劳动瞬间受到启发,学会整理桌洞等基本劳动技能;从观看社会上的岗位相关视频,结合自己班级岗位体验,深刻了解劳动的价值,树立热爱劳动的意识和观念。

3. 环节三:内外相融"行"劳动

教师:本次旅行的终点站到了,但生活中的劳动不会停止,习近平爷爷说过:"幸福是奋斗出来的。"(屏幕上出示,齐读。)

教师:你们慢慢长大,成长要靠自己。你们还要在家庭、学校和社会中践行劳动,养成爱劳动的好习惯,让"劳"有所为,"动"有所乐。

设计意图:鼓励学生坚持劳动,并再次深化活动主题,引导学生从劳动的点滴小事中感受劳动之美,激励学生养成热爱劳动的良好习惯。

🌳 班会后延伸教育活动

课后,继续延伸劳动教育,让学生参与劳动,设计自己专属的劳动记录卡(与爱国记录卡格式一致)。自己和家长参与评价,每周进行展示,让学生讲述自己劳动的心得体会,营造人人热爱劳动的氛围,养成良好的劳动习惯。

"劳动小能手"推荐会:评选出班级劳动小能手,将劳动的照片送上班级"劳动墙",鼓励同学们传承劳动精神。

设计意图:《中小学德育工作指南》指出,"教育引导学生参与洗衣服、倒垃圾、洗碗、拖地、整理房间等力所能及的家务劳动"。习惯的养成贵在坚持,本次班会后借助劳动记录卡和"劳动小能手"推荐会,让学生养成每天劳动的良好习惯。

班会反思

本节课从家庭劳动、学校劳动到社会劳动的逐级体验,让学生学会劳动技能,体验劳动的快乐与辛苦,激发学生爱劳动的情感和对劳动者的尊重。在新课程标准的要求下,本节课始终围绕生活对学生进行劳动教育,在体验和感受中培养了学生热爱劳动的良好品质。

劳动最光荣

背景分析

高年级的小学生中,仍有不少人劳动观念差,劳动技能低,没有形成良好的劳动观念和劳动习惯,而且普遍缺乏吃苦耐劳、勤俭节约、奋发向上的精神,需要通过劳动主题教育班会课让学生认识劳动教育的重要性,劳动最光荣,劳动人民最美丽,并学习基本的劳动知识,养成劳动习惯,最终以劳动为荣,热爱劳动,从而锻炼自己的意志。

班会目标

认知目标:了解各行各业人们的劳动,从劳动者身上感悟劳动给城市发展带来的巨大变化,认识到劳动的重要性及伟大意义。

情感目标:激发学生对劳动者的赞美之情,让学生形成良好的劳动观念,在劳动中锻炼吃苦耐劳品质,树立建设祖国、建设家乡的远大理想。

行为目标:从做好值日工作、收拾好自己的房间等做起,明白劳动可以创造一切的道理,为今后各项技能的学习以及就业打下良好的基础。

班会准备

(1)拍摄身边的劳动者照片,用于上课时展示。
(2)《劳动创造美》诗朗诵。
(3)查阅名人、伟人热爱劳动和参与劳动的资料。

班会过程

1. 环节一:激趣导入

教师:同学们,我们每天上课的教室环境怎么样? 干净吗? 整洁吗?
学生答干净,在这样的教室上课心情舒畅。
教师:你家里、你的房间怎么样?
有的学生答干净,有的学生答自己的房间还不够干净。
教师:整洁的家、干净的教室,给我们创设了良好的生活和学习环境。所以说,劳动创造了美,劳动是最光荣的。
设计意图:学生认识到良好的生活和学习环境的创设都来源于劳动,劳动创造了美,劳动最光荣。

2. 环节二:致敬最美劳动者

教师出示城市建筑工人的劳动照片,让学生说说感受。学生表示建筑工人不顾自己的安危,给城市建起高楼大厦。
教师:还有哪些城市最美劳动者?
学生1:城市环卫工人,他们不嫌脏、不嫌累,是他们使城市更干净整洁,也为我们的日常生活提供了便利。

学生2:交通警察,他们指挥交通,不怕风吹日晒雨淋,有了他们,我们出行更顺畅,安全有保障。

学生3:小商小贩每日辛勤劳动,给我们买菜、买日用品带来方便。

学生4:快递员、外卖小哥穿梭于城市的大街小巷,省了我们的时间,他们是最忙、最美的人。

设计意图:使学生认识到各行各业的从业者,立足本职,把自己的工作做好就是最美劳动者。学生会从心底对劳动者产生敬意。

播放国家领导人向劳动人民问好致敬的视频。

设计意图:学生看后感受到劳动人民最光荣,百姓看在眼里,国家领导人也记在心中,人人都尊重劳动者。

教师:每个人都有一双灵巧的手。小学生应该学会劳动,做勤劳的小蜜蜂。

设计意图:激发学生劳动创造的热情。

3. 环节三:劳动就是从值好日开始

教师请今天的值日生说说是怎样做好值日的,然后让学生评价:值日生对工作负责吗?接下来让学生说说家务劳动有哪些,爸爸、妈妈平时是怎样打扫卫生的。

学生观看视频,学习一些基本的劳动知识和劳动技能。例如,认识劳动工具,学会擦地、抹桌面以及其他基本的家务劳动。

动手试一试:谁能把垃圾全部扫入簸箕,做到地面干净,不遗留垃圾。每组出一名同学尝试。

请做得好的学生分享劳动小妙招。

设计意图:让学生知道做好值日工作就是做好劳动,生活中需要我们劳动的地方还有很多,不做永远学不会,只有做了才会越做越好。

4. 环节四:劳动伟大又光荣

(1)听同学讲名人劳动故事,将热爱劳动的思想深植心中。

朱德一生都非常热爱劳动,尤其喜欢种植树木。他在井冈山时就积极参加劳动,亲自动手开荒、造林和开辟农田。朱德在红军长征途中时常骑在骡子上,指挥队伍并协助搬运粮草。

(2)播放采访名人片段,感受劳动的重要意义(磨炼意志、让人变得心灵手巧等)。

采访对象:许振超,山东港口青岛港前湾集装箱码头有限责任公司工程技术部固机高级经理,是新时期产业工人的杰出代表之一,曾荣获"改革先锋""最美奋斗者""全国劳动模范"等荣誉称号。

设计意图:名人的榜样示范作用对学生的影响大,学生的兴趣被充分激发。

(3)诗朗诵:劳动创造美(请提前准备的小组上台朗诵)。

是谁曾说:"劳动创造了人类!"

是谁在说:"劳动赢得了幸福!"

又是谁在唱:"劳动最光荣!"

毛主席曾讲:"文艺为工农兵服务",也就是为劳动者讴歌。

我为建筑工人喝彩!看!手拿着钢筋管,像轻灵的燕,

缀成了幢幢入云的大厦,缀成了江河座座桥梁,

缀成了祖国繁荣昌盛,宏伟了他们自豪的胸膛。

我为农民鼓掌!瞧!烈日里,汗水洒向大地,

大地披上了金绸、银缎,万紫千红,摇曳了农家的心,丰仓里都是国家的安稳!

我为最有价值的科研人员加油!

上九天探索,下深海科考,祥云、晴空、蔚蓝、墨黑奏响祖国辉煌腾达!

每年有多少劳模举起奖杯,每年有多少劳模印在人心,每天都是劳动的海洋。

是啊!劳动是美好光荣的,是创造幸福的!

设计意图:诗歌朗诵对学生的情感起到渲染作用。

(4)班长宣读《劳动光荣,懒惰可耻》倡议书,倡议同学们从现在做起,从小事做起,在日常生活中热爱劳动,积极参加公益劳动,懂得珍惜

劳动成果。

5. 环节五:结束语

教师:不经风雨,长不成大树;不经过百炼,难以成钢。在劳动中磨炼坚强意志,在劳动中养成良好的道德品质,在劳动中丰富知识和发展创造思维,在劳动中学习为人民服务的本领。同学们养成良好的劳动习惯和劳动态度,将来一定能成为德技双全的有用人才!

全班齐唱《劳动最光荣》,下课。

班会后延伸教育活动

(1)举办劳动教育成果展评活动。

(2)进行"我爱劳动"亲子活动:① 制订家庭劳动计划,做好家庭成员劳动分工,让孩子明确自己的家庭责任。② 学会整理自己的床铺。从整理自己的床铺开始由浅入深地学做家务劳动。③ 学会擦地,并能把家里全部地面都擦干净,冲洗拖布时做到小心翼翼,不溅出水。劳动中家长不要吝啬对孩子的赞扬,及时表扬他的努力和劳动成果,增强孩子的信心和动力。④ 孩子在学习做饭的过程中培养热爱生活的品质,感受到要节约资源不浪费,会做饭就不出去吃,在家吃自己做的饭更健康、更卫生、更好吃、更有成就感。⑤ 孩子在与家长一起做家务过程中,学习劳动的小妙招、生活技能、安全防护知识等,可逐渐成长为心灵手巧的好孩子,并能在劳动中感受劳动的价值,培养有责任感等优秀品质。

班会反思

本次班会活动,让学生做足课前准备。学生在课堂上充分展现自己,讨论交流积极,教师对各环节进行适当的引导、小结和升华,于是课堂充满活力,劳动教育根植学生心中。学生在劳动过程中受到锻炼,意志也更顽强。

一屋不扫，何以扫天下

背景分析

习近平总书记曾深刻指出：把劳动教育纳入人才培养全过程。这为我们深化教育改革、推进全面素质教育指明了方向。2020年7月，教育部正式颁布了《大中小学劳动教育指导纲要（试行）》，进一步明确了劳动教育在构建德智体美劳全面培养的教育体系中的重要地位。

劳动教育旨在通过实践活动培养学生的劳动技能、劳动习惯、劳动态度和劳动精神，进而促进学生的全面发展。然而，在现实中，许多学校和家庭往往更加重视学业成绩，忽视了劳动教育的重要性。这导致劳动教育在很多情况下只是流于形式，未能真正发挥其应有的作用，主要存在以下问题：

参与少：学生的学习任务重，在当前社会环境下，学生很少有机会参与到广泛的体力劳动中。

了解浅：学生对劳动有一定认知，但是不够深入，呈现出认知片面化、书面化的特点。

不重视：学生的劳动意识不强，劳动的意愿和对劳动的重视程度不够，缺乏完成劳动任务所需的操作能力和团队合作能力。

劳动教育对于培养学生的全面素质具有重要意义。我们应该从学校、家庭、社会等方面入手，共同推进劳动教育的深入实施。只有这样，我们才能真正培养出既有知识、又有能力、更有担当的新时代青年。让我们携手努力，为构建德智体美劳全面培养的教育体系贡献自己的力量！

班会目标

认知目标：让学生认识到劳动的价值和意义，理解劳动对个人成长和社会进步的推动作用。让学生通过参与劳动增强责任感、自律性和团队合作能力。

行为目标:组织学生参加班级劳动,提高学生动手实践的能力,培养学生的劳动技能。例如,清扫校园、植树造林、制作手工艺品。

情感目标:形成正确的劳动价值观和良好的劳动品质,学生乐意劳动,并从中感受集体劳动的乐趣,强化其社会责任感。引导学生形成积极向上的劳动态度和价值观。培养学生的团队合作能力。

班会准备

学生准备:排练情景剧,完成"身边的劳动者"调查表。

教师准备:准备值日评分表,扫把、拖把等劳动工具,班级劳动之树,视频资料,劳动模范资料。

班会过程

1. 环节一:"劳动意识"初感知

(1)身边的劳动者:一份值得尊敬与关爱的存在。

在我们身边,总有一些默默无闻的劳动者,他们以自己的辛勤劳动,为我们的生活提供了便利。他们可能是街头巷尾的清洁工,可能是餐馆里的厨师,也可能是建筑工地上的工人。他们的工作虽然平凡,但正是这些平凡的工作,构建了我们美好的生活。

为了更好地了解这些身边的劳动者,小组进行一次深入的调查。调查内容包括他是谁,他做什么工作,他什么时间工作,他使用什么工具,他给我们带来什么。通过这次活动,学生能够更深入地了解劳动者的生活状态以及他们在社会中所扮演的角色。

(2)李子柒《水稻的一生》视频欣赏。

视频以水稻的生长过程为主线,通过细腻的镜头和生动的叙述,展现了从播种到收割水稻的整个过程。

视频中,李子柒首先介绍了水稻的起源和种植历史,然后详细展示了水稻的种植过程。从选择种子、整理田地，到插秧、灌溉，每一个环节都经过了精心的安排和准备。在水稻的生长过程中，李子柒还介绍了如何防治病虫害、合理施肥等关键技术。最后，当水稻成熟，收割的时刻到来，李子柒再次亲自上阵，与农民一起收割水稻。她感慨道："看着这一片金黄的水稻田，我感到无比的自豪和满足。这不仅仅是一片丰收的田地，更是我们辛勤付出的见证。"

设计意图：学生通过职业调查，深深地感受到了身边劳动者的重要性。虽然他们平凡，但正是他们的辛勤付出，让我们的生活变得更加美好。我们应该更加尊重他们，关爱他们，让他们感受到社会的温暖和关爱。学生通过观看视频了解农作的具体流程，感受每一项劳动都需要专业的知识储备。《大中小学劳动教育指导纲要（试行）》要求丰富职业体验，情景体验能让学生更为直观地感受劳动的过程，理解劳动的内涵。

2. 环节二："劳动任务"齐参与

（1）情景剧：《周五大扫除》。
（2）讨论："三百六十行，行行出状元"，如何才能把班级卫生做好？
（3）直观演示：请学生示范如何利用劳动工具。
设计意图：合作探究，掌握劳动基本技能，提高动手实践能力。

3. 环节三："劳动成果"共维护

明确小组成员分工，商定班级劳动公约。以制度为方法，以劳动委员为核心，以小组为单位轮流值周。
设计意图：学会尊重劳动成果，共同维护班级卫生。

4. 环节四："劳动意义"细讨论

讨论劳动教育是否需要打卡。正方和反方进行辩论。
设计意图：此环节通过辩论的形式，激发学生的思维，使他们理解劳动的意义和重要性。

5. 环节五:"劳动模范"要学习

教师在课堂上展示部分劳动模范的故事,学生课后分组收集有关劳动模范的故事,然后制作成海报,完成劳动教育专题的板报布置。

设计意图:深刻把握劳模精神的崭新意蕴与当代价值,大力弘扬劳模精神,形成尊重劳动、劳动光荣的良好风尚。

班会后延伸教育活动

教育,不应局限于课堂上、校园中,而应该走向更广阔的天地。教育必须与实践结合,本次班会设计可以从以下几个方面进一步延伸。

扩展课堂:进一步完善以劳动为主题的班级板报布置,打造良好的育人环境。

养成常规:设置劳动评价表,以自我评价、小组评价、教师评价为核心,让学生争做"劳动卫士"。

衔接生活:家校合力,班级利用周末时间进行"厨艺大比拼"的活动。学生畅谈感受,提升劳动热情。学生制订劳动挑战书,劳动挑战书的内容包括将从哪几个方面努力做好、监督人是谁、对自己说的话和签名。

教师宣布,一个月后举行班级"最美劳动者"评比,收集学生劳动的照片,贴在班级展示墙内。

设计意图:设计劳动挑战书活动促进学生养成劳动习惯。班级"最美劳动者"评选活动和照片展示能激励学生投身劳动。

班会反思

在此次班会中,我们以劳动教育为主题,引导学生认识劳动的价值,积极参与劳动实践。学生在动手实践中提升了自己的劳动能力,养成了良好的劳动习惯。然而,我们也发现了一些不足之处,例如,在劳动过程中部分学生积极性不高,对劳动的意义理解得不深。在今后的教育教学中,我们需要加强劳动教育,让学生真正体会到劳动的乐趣和价值。

本次班会以劳动教育为核心,旨在培养学生正确的劳动价值观、良好的劳动品质和基本的劳动能力。劳动教育不仅有助于学生全面发展,还能激发他们的社会责任感,使他们更好地适应社会发展的需要。我们将不断探索劳动教育的有效途径,为培养德智体美劳全面发展的社会主义建设者和接班人贡献力量。

第三部分 心理健康教育

世界卫生组织对健康的定义是健康不仅是没有疾病,还包括躯体健康、心理健康、社会适应良好和道德健康。五育并举,德、智、体、美、劳有机融合,提高学生综合素质,使学生成为具有健全人格、身心健康的合格公民是教育工作者的职责所在。而中小学生处于身心发展的重要时期,在学习、生活、人际交往和自我意识方面可能会遇到或产生各种问题,心理健康教育就显得越来越重要。家庭、学校、社会协同育人,加强学生的心理健康教育,是学生健康成长的需要,也是社会发展的需要。

心理健康教育的目标是提高学生的心理素质,培养他们积极乐观、健康向上的心理素质,充分开发他们的心理潜能,从而为他们的健康成长和幸福生活奠定基础。教师在教育教学过程中,可以利用心理健康教育的原则、方法,通过文化课、主题班会、实践活动等,引导学生正确认识自己、认识他人,正确对待师生关系、同伴关系等,有是非观,有抗挫能力,形成良好的思想道德。

运用 ORID(焦点讨论法)、正面管教的一些课前热身活动、觉察的方法、沉浸式情景体验等形式多样的辅助手段,将心理健康教育的一些策略与技巧有机融入主题班会设计活动中,可以给传统的主题班会带来活力。学生兴趣高涨,参与度高,课堂生动有趣,气氛活跃,一定程度上解决了班级中存在的共性问题,帮助学生了解人际交往的一些原则和沟通的技巧,促进班级的良性发展。

本部分中,前三个活动主题是心理教育,后三个活动主题是人际交往。

我就是我，不一样的烟火

班会背景

自我意识是一个人对自己身心状况以及与周围事物关系的认识和体验。自我意识的发展过程既是个体不断社会化的进程，也是个性特征的形成过程。小学生的自我意识包括对自己的认识、对自己的评价、对自己的态度等。

自我意识不仅局限于认知层面的多维度、多层次的复杂心理现象，由自我认识、自我体验和自我控制构成。自我意识具有目的性和能动性等，对人格的形成、发展起着调节、监控和矫正的作用。

了解自我意识，必须从引导学生正确认识自己（自我觉察和自我体验）开始。本节班会课就是利用集体（团体）辅导的优势，借助体验活动，通过对动物的心理投射，让学生全面地觉察、关注、发现、认识自我。引导学生从关注自己的一个方面（单一的他人评价角度）移向关注自己的多个方面。这项活动生动有趣，符合低年级学生的年龄特点，能给学生带来持续的积极体验。

班会目标

认知目标：帮助学生掌握认识自我的觉察方法。

情感目标：让学生意识到认识自我的重要性，从而形成自觉自主的行为。

行为目标：学生通过学习活动，发现和意识到来自他人的积极情感回应，从别人的反馈中调整言行，使自知的"我"与他人所知的"我"更为一致。

班会准备

学生准备:根据对自己的了解,选择一个符合自己特点的小动物。

教师准备:根据所确定的活动目标和设计的活动环节准备相关PPT、视频、歌曲、图片、素材资料包。

班会过程

1. 环节一:热身活动——"大风吹"

游戏导入:同学们,上课之前我们来玩一个游戏好不好?

教师喊口令:大风吹,大风吹。

学生对口令:大风吹来什么样的人儿?

教师喊口令:大风吹来_____的人儿。

学生对口令:我就是_____的人儿。

具有口令中特点的学生听到后就以最快的速度起立,拍手对口令,如"戴眼镜的人儿""写作业快的人儿""短头发的人儿""爱跳舞的人儿"。

活动进行到这里,教师问学生:你了解自己吗?

学生有的摇头,有的点头,认为不完全了解自己。接下来进行下一项活动——"我是谁"。

设计意图:此环节通过游戏,增强团体的融入感和连接感,让学生感到放松和愉悦。活动中的互动,提升了团体的能量,为课堂的深入觉察提供了情绪资源。气氛一下子活跃起来。在活动中,学生一起思考,怎样快速反应,需要注意听口令、动作快,更重要的是要充分了解自己的特点。游戏使每一个学生更加认识自我,同时明白认识自我的重要性。

2. 环节二:创意自我介绍

(1)活动一:找自己。

教师:同学们,你们喜欢小动物吗?

学生:我们喜欢小动物,因为和可爱的它们相处,也会让我们也变得温柔起来。

教师:那么,如果用一种动物来形容自己,你认为你是哪种小动物?为什么呢?

接下来,在小组内完成创意自我介绍环节,用一种动物来形容自己,并说出自己像这种动物的三个理由。试着用以下句式来介绍,由组长开始,按顺时针依次进行,在2分钟完成介绍。音乐停,请坐好。

如果用一种动物形容我,我觉得我是(   ),因为我(   )。

预设1:如果用一种动物形容我,我觉得我是一只小乌龟,因为我的动作比较慢,但我有个特点,跟我交朋友你一百个放心,我能替你保守秘密,绝不会让第三个人知道你的秘密。

预设2:如果用一种动物形容我,我觉得我是一头狮子,因为我觉得自己很威武,但我心里很温柔,我不欺负人,你跟我做朋友,我会保护你的,给你安全的保证。

预设3:如果用一种动物形容我,我觉得我是一只小山羊,因为我的性格很温柔,从不跟别人发脾气。

预设4:如果用一种动物形容我,我希望自己是个蛹。因为如果我现在是一只蛹,将来我要蜕变成一只美丽的蝴蝶!

教师:你对自己不仅有正确的认识、评价,还很有自信。相信自己有巨大的潜力,我相信有了坚持不懈的积累,经过努力,一定会蜕变成一只美丽的蝴蝶!

教师:原来你们是这样多面的小动物,太可爱了。但你们想不想了解别人眼中的自己是什么样子呢?今天我们就去发现自己其实是天空中"不一样的烟火"。

设计意图:此活动通过交流,很自然地让学生潜意识中的性格特点流露出来。学生形成觉察和感悟,看见自己的性格状态。用小动物来暗喻自我的方法,让学生发现自己的不同特点,从而自我认同,通过分享活动,学生能积极地评价自己,悦纳自己的特点。

(2)活动二:他人眼中的"自己"。

教师:接下来,我想要一位同学起立。请其他同学说说他的优点,可以从性格、特长、交朋友等方面来说。这位同学要准备好接受优点的轰炸哦。

完成这项活动。

教师:听了这么多优点,心情怎样? 为了让自己变得更加优秀,请你说说自己哪些方面还可以做得更好?

学生回答。

教师:同学们,要想认识自我,就要像这位同学这样,通过自己的认识和他人对我们的了解,来丰富对自我的认识。接下来,就通过在小组内完成小卡片来增加对自我的认识。在卡片正面"闪闪发光的我"后面的横线上填写自己的姓名,在圆圈内写写自己的优点,左边三个圆圈由自己来写,其他圆圈由小组内的其他同学为你写。在反面的"成长加油站"写写自己哪些方面可以做得更好,同样左边三个圆圈内自己写,同学把意见写在其他圆圈内。请在5分钟内完成,音乐停,请停笔。

教师:谁想来分享你的小卡片内容? 你增加了哪些对自我的认识? 对照"成长加油站",你打算以后如何去做?

设计意图:分享交流活动让学生学到了认识自我的方法。有以下两种方法:一是通过自我观察来认识自己;二是通过别人的反馈来了解自己,知道从他人的反馈中调整言行,使隐秘的"我"与公开的"我"更为和谐一致。

(3)活动三:心灵的花朵。

教师:同学们,通过刚才的小卡片,我们增加了对自己的认识。带好你们的小卡片,我们要走进每个人的内心,去发现那独一无二的"心灵的花朵",来更深入地发现不一样的自己。

现在,调整坐姿,双手自然地放在桌子上,挺直后背,感受双脚平稳地放在地面上。请闭上双眼,闭上眼睛之后,我们就进入了内心世界。想象你正走在绿茵茵的草地上,你呼吸着新鲜的空气,随意走着,这时你看到远处有一朵花,你慢慢地走近它,它的花瓣是一种颜色还是五颜六色的?花瓣是什么形状的?这朵花有几片花瓣?它的茎上有多少片叶子呢?叶子是什么形状的?它的根是什么样子的?它生长在怎样的环境中?它的周围还有些什么?看着这朵花,你可以闻一闻它,再和它待上 10 秒钟,当我数到 1 的时候请慢慢地睁开眼睛。3……2……1……你看到那花朵了吗?你的手边,有一份曼陀罗画纸,请你按照画纸上的要求,把你看到的画面画下来。

这不是美术课,不要求你画得多么美观,它只要是你刚才看到的画面就可以。如果绘画不能完全表达你刚才看到的画面,你可以用文字加以补充说明。完成后用 2～3 个词形容你此刻的感受。请用 8 分钟的时间完成绘画,音乐停,请停笔。

学生分享它叫什么名字,它是什么样的,它带给自己怎样的感受。

总结:请你记住此刻的感受,无论你体验到美好、力量还是会有受伤的感觉,你都可以相信这朵花会开得更好,更有力量,有更多的伙伴,因为它自有它的生命力。

设计意图:这是积极想象环节,把知识和感受融合,留下可持续的学习能动性资源。

3. 环节三:我就是我——属于自己的独特体验

教师:这节课带给你怎样的感受呢?

请你用 1 分钟的时间在小卡片的副券部分写写自己本节课的感受和体验。音乐停,请停笔。同学们,勇于认识自己,发现自己是我们一生都需要学习的事情,只有认识自己才能成为真正的自己。

在教师组织下学生分享体验和感受。

教师总结:同学们,认识自己和成为自己是我们一生都要学习的主题,只有充分认识自己,才能成为真正的自己,也才能发现原来"我就是我——不一样的烟火"。最后老师要感谢大家,谢谢你们全心地投入,真诚地分享。

设计意图:学生在活动中觉察和感悟自我状态,从感性体验到形成认知,对自我认同、自我个性特征、积极自我、自我与同伴的关系形成了连贯的探索,并在探索中接纳、尊重、欣赏自我,认识到自我的独特性,为形成积极自信的个性品质赋予了能量。自我认识是人对自己的认识,不但认识自己的生理特点,而且认识自己的心理特点。小学生自我认识的完善有助于个性的健康发展。对自身优点、缺点的认识是认识自我的重要方面。

🌳 班会后延伸教育活动

课后,将自己今天画的图保存好,一个月后再拿出来进行参照对比,自己和家长参与评价,看看自己在哪些方面有所进步。每个月进行一次,营造良好的成长氛围。

设计意图:让课堂走向生活,将课堂发现融入学生的生活体验中,运用 21 天习惯养成规律,协助学生带动家庭成员,创设和谐的学习成长型家庭关系,从而为美好的童年赋能。

👥 班会反思

本节班会课以学生为中心设计活动,让学生在活动体验中正确地认识自我,悦纳自我,为学生形成积极自信的个性品质赋予了能量。

悦纳自我——实现理想的自己

背景分析

大多数小学高年级的学生能客观地认识自我，了解认识自我的重要性并能通过伙伴的评价，正确地认识自己。部分学生缺少自我分析的勇气，需要引导他们，让他们学会将自我鼓励和他人评价相结合的方法，正确地认识自我、悦纳自我。

走过懵懂的小学低、中年级，小学高年级是确立自我意识，初步形成自我定位以及初步确立人生目标最为关键的阶段。刚进入小学高年级的学生处于一个脆弱、敏感的年龄阶段，心理和生理都在经历着巨大的变化，再加上学习任务日渐繁重，家人的关注相对减少，外界诱惑加大，如果不能够端正心态，正确地认识自我并悦纳自我，则可能进入不了学习状态，甚至贪玩、厌学。教师一方面应当肯定学生自我意识的觉醒，为他们的成长而欢呼；另一方面，要耐心教育，积极引导，使学生的自我意识向良性方向发展。通过本节班会课，学生能够重新审视自己，做到悦纳自我，超越自我，消除自我中心，树立人生目标，努力实现理想的自己。

班会目标

认知目标：在活动中，学生能正确认识自己，正视自己的优势和劣势。

情感目标：使学生明白每个人都有独特的个性，学会正确认识自我、悦纳自我。

行为目标：使学生树立自己的人生目标，引导学生看到自己与理想的自己之间的差距，并努力去实现理想的自己。

班会准备

教师准备故事、录像、课件等,给学生分组。学生准备才艺展示。

班会过程

1. 环节一:情境导入

古希腊人把能认识自己看作人类的最高智慧。如今,随着社会的不断发展,人们对于自我认识的程度对其自身发展而言尤其重要。

教师:这几天,老师发现有两位同学不太高兴。这是怎么回事呢?让他们自己来说说吧。

学生角色扮演:角色1表示自己的学习成绩不理想,角色2表示自己的个子不高。

教师:听了这二位同学的心里话,你觉得他们的想法对不对? 为什么? 请大家先在小组内选择其中一位同学谈谈自己的看法。

学生谈看法。

教师:同学们说得真好! 是呀,这些同学身上不是没有优点,而是缺乏发现,缺乏欣赏自己。也许很多同学会说,世上最了解自己的莫过于自己,我当然认识自己了。但事实是否如此呢? 下面我们做一个简单的测试。

教师请每位同学对自己是否成熟作出评价,学生完成后,教师发《心理成熟度自测表》。

教师小结:文学家苏轼写到,"不识庐山真面目,只缘身在此山中"。认识自己有时比认识别人更困难。一个人在自己的生活经历中,能否真正认识自我、肯定自我,如何抉择自我意识,将在很大程度上影响或决定一个人的前程与命运。换句话说,你可能渺小而平庸,也可能美好而杰出,这在很大程度上取决于你能否正确认识自己。

设计意图:让学生初步感知自己是否了解自己,初步认识到正确认识自己的重要性,为接下来的活动环节做铺垫,同时做好心理调适。

2. 环节二：欣赏自我

教师：同学们，你能找找自己身上的优点吗？请说给组内的小伙伴听，自己发现多少就说多少，让大家一起来分享你的快乐。小组内的同学要数一数他到底说了几条，等会儿评评小组内谁找到的优点最多。

学生小组内交流。教师到组内了解情况。评一评，小组内谁找到的优点最多。各组找到优点最多的学生起立。

教师：你们真棒！能发现自己那么多优点！大家为他们鼓鼓掌吧！

学生鼓掌。

教师：可是，有的同学不太善于欣赏自己，没关系，让我们一起来帮帮他们，我们一起来做个游戏——"优点大轰炸"。优点怎么能"轰炸"呢？"优点轰炸"其实就是大家一起给这位不太能欣赏自己的同学找优点，找出很多优点来赞美他。

教师介绍游戏规则。学生做游戏。

教师：同学们，你们玩了这个游戏之后，是不是对自己有了新的认识，看到了自己更多的优点呢？把自己又发现的优点在小组内分享一下吧！

小组再次交流，教师参与其中。

设计意图：通过游戏，学生感受到"欣赏"并不仅仅是一种简单的喜欢和表扬，"欣赏自己"也不是我们平时所说的"孤芳自赏"，需要我们用心去观察他人和解剖自己，从不同角度作全面的认识与分析，从而知道我们该欣赏什么、怎样欣赏。引导学生不必自卑，要正确地面对自己。

3. 环节三：悦纳自我，表现自我

分享故事《白纸黑点与黑纸白点》。

在非洲加纳的一所寄宿制中学里，一位老师走进了教室。

他先拿出了一张画有一个黑点的白纸，问他的学生："孩子们，你们看到了什么？"学生们盯住黑点，齐声喊道："一个黑点。"老师非常沮丧。"难道你们谁也没有看到这张白纸吗？眼光集中在黑点上，黑点会越来越大。生活中你们可不要这样啊！"教室里鸦雀无声。老师又拿

出一张黑纸,中间有一个白点。他问他的学生:"孩子们,你们又看到了什么?"学生齐声回答:"一个白点"。老师高兴地笑了:"孩子们太好了,无限美好的未来在等着你们。"

学生听完展开热烈讨论。

教师总结:面对纷繁复杂的人生,如果你把目光都集中在痛苦之事、烦恼上,生命就会黯然失色;如果你把目光都转移到快乐之事上,你将会得到幸福。同样的道理,面对自己,如果你只看到自己的缺点、不足,你将会悲观绝望,停步不前;如果你能看到自己的优点、长处,你将会充满信心,迎接生活的挑战。因此,我们要正确认识自己,首先就要悦纳自己,敢于表现自己。我们拥有那么多优点,有那么多长处,愿意在大家面前露一手吗? 先在小组内交流一下吧。等会儿在全班同学面前展示。

学生在小组内热烈交流。

教师:愿意和大家分享成功和快乐的同学,请自己上台吧!

学生展示自己,有唱歌、跳舞、朗诵诗歌的,有展示书法作品、绘画作品的,有翻跟斗、跳绳的……教师适时称赞鼓励。

设计意图:此环节中,教师看到许多学生登台献技,他们当中有平日活泼外向的,也有默默无闻的。教师可以看到他们的绝活,有被大家熟悉的,也有鲜为人知的,教师还可以看到他们的优点和长处,有已经被大家发现了的,也有在这之前没被发现的。其实每一个人都可以成为一个了不起的人物,只要能够充分发挥自己的优点,就能够取得成功。

4. 环节四:正确认识自我

教师:同学们越来越自信了,真棒! 可如果盲目扩大自我意识,就会走入另一个我们不希望看到的极端——以自我为中心。那么自信与自大有什么不同呢? 下面请欣赏相声表演《自信与自大》。

两位学生进行表演。

教师小结:精彩的表演给我们带来了笑声,相信也给我们带来了新的启发。请同学们简单讨论一下,然后说说你们的看法。

学生发表看法后,教师总结:要消除自我中心,一是要主动和他人交往,形成良好的人际关系,平时主动关心、帮助他人,设身处地从他人的角度考虑。二是积极参加各种社会活动和集体活动,主动担当各种社会角色,通过各种活动锻炼自己,提高自己。

设计意图:引导学生消除盲目自信和以自我为中心的意识,学会正确认识自己。

5. 环节五:努力超越自我

教师:要正确认识自己,除了要悦纳自我,消除以自我为中心外,还应该超越自我。超越自我是一种积极的人生态度,就是在客观分析自己的不足的基础上,针对不足,主动弥补。下面我们看一段录像《心灵的舞蹈》,也许你会受到一些启发。

学生看完录像谈感受。

教师小结:录像来源于中央电视台的节目《焦点访谈》。主人公的事迹告诉我们,只有勇于超越自我的人,才能最终实现自我价值,这也是我们要正确认识自己的目的。我们应怎样超越自己呢?

学生畅所欲言。

让学生欣赏一段音乐(贝多芬的曲子)。教师:从音乐中你是否领略到了那种让人振奋的雄壮?你是否感受到了那种激昂的气势?知道这是谁的音乐吗?

学生回答问题。

教师小结:从贝多芬身上我们看到了一个坚强的、不怕困难的音乐家的进步,我们看到了他成功地在困难中超越了自己。超越其实就是提高、进步。"逆水行舟,不进则退。"人生是一场比赛,必须不停地前进,一步一步跨向目标,实现理想。在这场比赛中,我们必须经常调整自己的状态,以最积极的心态去迎接挑战,时时求进,才能取得胜利。我们最大的敌人不是别人,而是自己。只有超越了自己的人,才能最终取得胜利。亲爱的同学们,你们有过类似的经历吗?

学生结合自己的体验来谈。

教师:老师再给大家讲一讲乒乓球运动员邓亚萍的故事。从她的运动生涯中,我们得到的启示是她的成功就是从每天的超越开始的。大家都知道邓亚萍个子不高,从身材上来看并无太大的优势,打起乒乓球来的确挺吃亏的。她当初进国家队,没有谁看好她,然而她非常刻苦,抓住每一个机会练习,每天积累技巧、经验,克服一切困难。她表示走向成功就是不断追求卓越,攀向更高峰。永不骄傲、不自大,永远谦虚地学习,追求进步,成功的大门就永远向你敞开,因为你有了那把"金钥匙"。到底怎样超越自我呢?

分小组讨论交流。

教师总结:首先要认识自我,心中要永远有一面镜子,时常照照自己,找找自己的不足,去改进。请记住,认识自我,你就是一座金矿,自信、自主、自爱,你就一定能够在自己的人生中展出现应有的风采。

设计意图:让学生明白,人生是一场比赛,必须不停地前进,一步一步跨向目标,实现理想。在这场比赛中,我们必须经常调整自己的状态,以最积极的心态去迎接挑战,时时求进,才能取得胜利。

🌳 班会后延伸教育活动

活动一:学生把自己的优点贴在床头,每天起床后大声地读三遍。

活动二:请家长写出孩子的 20 条优点。

活动三:家长在与孩子的相处中强化孩子的优点。

设计意图:让学生明白,人生就像一所学校,我们永远都在这所学校学习,每一个生活上的困难就是一个测试。每天改进一点,克服一个小困难,就是超越了自己。正确审视自己,也要相信自己,我们最大的敌人不是别人,而是自己。只有超越了自己的人,才能最终取得胜利。

👥 班会反思

在不同环节的活动中,教师一方面充分肯定学生自我意识的觉醒,为他们的成长而欢呼;另一方面,对学生进行耐心教育,积极引导,使学生的自我意识向良性方向发展。通过本节班会课,学生能够重新审视自己,做到悦纳自我,超越自我,消除自我中心,树立人生目标,努力实现理想的自己。

请来认识我

背景分析

《中小学德育工作指南》要求德育工作要"符合中小学生年龄特点、认知规律和教育规律,注重学段衔接和知行统一,强化道德实践、情感培育和行为习惯养成"。中学生处于青春期,自我意识觉醒,渴望独立,渴望得到别人的认同、尊重,但受到自我认识水平的限制,往往不能客观地评价自己,不一定能正确认识自我,需要正确的引导。

刚入学的初一学生面对陌生环境会觉得拘束,部分内向的学生难以融入新的班集体。沟通交流的活动可以帮助学生学习如何向别人介绍自己,让别人了解自己,并在交流中认识对方,快速拉近彼此的距离、加深了解,利于班级建设。

班会目标

认知目标:通过活动,正确认识自我,肯定自我,提高自我认识和评价的能力。

情感目标:通过沟通交流,学生提高分析问题的能力,乐于做自己。

行为目标:悦纳自己,提高自我形象,尊重、欣赏他人。

班会准备

教师准备:准备彩色 A4 纸、水彩笔等。

学生准备:思考如何向别人介绍自己,如爱好、讨厌的事;回忆自己的小学经历,思考自己对新同学、新班级、新老师的期待。

班会过程

1. 环节一:我来描述我

学生将彩色 A4 纸撕成 T 恤的形状并书写以下内容:将名字写在"T恤"的最上方(名字要醒目、工整,可以适当美化,让别人一眼就能看到并快速记住);在名字下方写下自己的优点(只写一点即可,具体,有针对性,不要泛泛而谈);在中间写一个最能体现自己性格的词(用简洁的词语描述自己的性格,用自己最喜欢的颜色写);在其他空白处写下自己的爱好及讨厌的事(用不同颜色的笔写好恶,务必标清楚喜欢或讨厌,用关键词写一至两条即可);在最底部,写下自己对新同学、新班级或者新老师的希望。

设计意图:在制作"T恤"的过程中,引导学生发挥生生互助的作用,帮助学生提前破冰;鼓励动手能力较强的学生制作有个性的"T恤"并帮助其他同学完成任务,培养学生的互助合作意识;在"T恤"上写下姓名和描述自己的优点、性格、好恶、期待等词语,将其作为学生的自我画像,这既是对自我的认知,也方便别人快速了解自己,为下一步的沟通奠定基础。

2. 环节二:请你认识我

学生在老师的指导下依次完成以下活动:将"T恤"贴在自己的衣服上;全班围成一圈站好,依次报数,报单数的学生可以走动,报双数的学生原地站立,报单数的学生浏览报双数的学生"T恤"上介绍的信息,主动交流;每轮交流时间为 2 分钟,交流 2 轮;寻找感兴趣的同学交流,不可以重复,每人至少与 2 个人交流;自荐或推荐一人到台前介绍自己;自荐或推荐一人到台前介绍一位新认识的同学。

设计意图:班会在自由轻松的氛围中让学生间快速破冰,让学生在生生互动中快速认识新同学,也让新同学认识自己。将"T恤"贴在衣服上,相当于将自己的名片展示给全班同学,借助个人介绍(特别是相似的爱好或讨厌的事等)实现快速"求同",在陌生的环境中寻找与陌生人的共同话题,并将话题从已知延伸到未知,建立彼此的熟悉感。在自我介绍和介绍他人的过程中,培养学生倾听与表达的能力。

3. 环节三:握拳活动

让学生两两相对,其中一个人握拳,而另一个人试着让对方的拳头张开。一分钟后,成功和失败的学生分别站在班级两侧,分别邀请一对成功的、一对失败的队伍讲述各自的策略和感受(用蛮劲掰开拳头或骗同学打开拳头的感受或请求伙伴主动张开拳头的感受)。

设计意图:通过握拳活动,让学生明确认知,新的班级里,每一个成员都需要经历一个由陌生到熟悉的过程,自己张开怀抱接纳别人,别人才能更好地了解自己,每个人都有自己的优点、缺点或不同的个性,接纳别人的方式也不一样,所以大家要互相理解、互相尊重、及时沟通,共同营造出大家都舒适相处的和善而坚定的气氛。

4. 环节四:共同成长

分组讨论:学生们针对自己在班级中的角色定位、期望目标以及改进方向展开讨论,共同制订成长计划。

和谐相处:我知道了_____同学最讨厌的事情是我有时候或经常做的,我想说_____。

互帮互助:我知道了_____同学最期待的_____事情是我可以做到的,我想说_____。

展望未来:在新班级中,我希望_____(做什么事情或者成为某种人)。

共同成长:我们对新班级的期待是_____,我会尝试做_____(发挥特长或者改掉某个毛病等)来实现我们的目标。

设计意图:当局者迷,旁观者清。在自我认识的过程当中,应该通过他人对自己的态度与评价认识自己,这能够帮学生认识自己,了解自己,完善自我,同时也了解了新同学的喜好,结交朋友,互相尊重,增进友谊。此环节通过分组讨论,让学生进一步明确自己在班级中的角色和目标,激发他们的自我成长意识;通过分享与总结,促进班级共同成长,营造积极向上的班级氛围;通过展望未来,让学生对班级的未来充满期待和信心,也让他们明白,自己的参与和努力对于班级的成长至关重要。这样的环节不仅有助于增强班级的凝聚力和向心力,还能够让学生更加积极地投入未来的班级生活中去。

5. 环节五:总结分享

学生通过平板电脑或问卷星等工具,用 1～3 个关键词简洁地表达自己在这节课中的收获或感受。这些词可以是关于自我认知的深化、与新同学交流的愉快体验、对班级氛围的感知、对于未来班级生活的期待等。

教师收集这些关键词,制作成云图,共享到班级电脑屏幕上。云图的大小和颜色可以代表关键词出现的频率和强度,从而直观地展示出学生的主要感受和收获。

设计意图:遵循正面管教的原则,注重学生当堂感受并分享,给予学生尊重。总结分享不仅让学生有机会回顾和反思整节课的内容,还能够让他们感受到自己的想法被重视和尊重。云图的展示方式增加了互动性和趣味性,使得总结环节更加生动和直观。此外,这也是一个很好的机会,让学生看到大家共同的感受,进一步加深彼此之间的理解和联系。

🌳 班会后延伸教育活动

(1)张贴环节一"我来描述我"的自我介绍纸片,学生看后对号入座,认识更多同学。

(2)一周后布置作文,题目为《我的新同学》。

(3)班会课上学生结合一周来与同学的认识、相处以及作文内容,再次进行交流。

👥 班会反思

本次班会以"请来认识我"为主题,旨在帮助初一新生更好地认识自我,提高自我认知和评价能力,同时增进同学间的了解与交流。班会过程中,学生积极参与,表现出对新环境和新同学的好奇与热情。通过学生自我描述纸片的书写、走动交流、自我介绍与互相介绍等活动环节,学生在明确认识自己的同时也对同学有所了解,学生逐渐不再拘束,敞开心扉。通过本次班会,学生对自己有了更加全面的认识,班级凝聚力得到了提升。受班会课时间限制,部分内向学生未能充分参与班级互动,对新环境的适应仍需时间,有待后续关注和引导。在今后的教育教学工作中,教师应继续关注学生的需求,创新活动形式,以促进学生的全面发展为目标,努力营造和谐、团结的班级氛围。教师要关注学生的个体差异,给予每个学生关爱与关注,帮助他们更好地适应新环境,开启初中生活新篇章。

手拉手,好朋友

班会背景

小学低年级的学生刚踏入校园不久,在同伴交往方面已经具备一定的择友标准,他们渴望交到知心朋友,但他们对友谊的理解还不深刻,社交技巧也相对缺乏,所以帮助学生学会交友技巧,掌握处理交友问题的方法,有助于发展他们的社会交往能力,提高心理健康水平。

班会目标

认知目标:帮助学生学习、了解基本的交友技巧。
情感目标:引导学生认识到友谊的珍贵,树立结交知心朋友的意识。
行为目标:能够运用交友技巧处理朋友之间的小问题。

班会准备

学生准备:在小卡片上填写姓名。

教师准备:根据所确定的活动目标和设计的活动环节准备相关PPT、视频、故事、图片。

班会过程

1. 环节一:游戏导入

教师:同学们,大家好,欢迎大家来到今天的班会课。这节课,老师要和同学们一起踏上一段奇妙的旅程,希望大家在这里度过一段轻松、美好的时光。你们准备好了吗? 下面,开启我们今日旅程的第一站:游戏王国。

游戏名称:马兰花。游戏开始,学生手拉手走圆圈,一边走一边念"马兰花,马兰花,风吹雨打都不怕,请问要开几朵花"。老师说几朵花,学生就赶快任意几个人抱在一起,没有办法抱在一起的学生就出局,剩下的学生继续玩游戏。

游戏后,分别采访没有出局的学生、出局的学生的感受。

教师小结:从刚才同学们的活动中,老师感受到有的同学特别受大家的欢迎,有的同学暂时还没有找到合适的同伴,生活中大家都需要朋友的陪伴,今天我们班会的主题就是"手拉手,好朋友"。

过渡:我们的生活离不开朋友,有了朋友和你一起分享快乐,你的快乐会翻倍;有了朋友与你一起分担悲伤,你的悲伤会减半。你想交到这样的好朋友吗? 快跟随老师来到旅程的第二站。

设计意图:本活动为破冰环节,意在让学生在游戏情境中获得角色感,在游戏中获得与团队成员分分合合的体验,在体验中感受到快乐与失落的跌宕起伏,为本课进一步探讨朋友的意义做了铺垫。

2. 环节二:故事小屋

教师:小猴子快过生日了,那么它是怎样邀请小动物们的呢? 一起来听一听!

(1)学生听故事。

小猴子在学校里总是特别调皮,对同学也爱搭不理。今天小猴子过生日,他想请小动物们到家里来参加生日宴会。小猴子走到小兔子背后,大喊了一声:"小兔子,来我们家参加生日聚会吧。"吓得小兔子仓皇而逃;小猴子又跑到小猪面前,因为跑得太快,把小猪的桌子都撞歪了,连文具盒也打翻在地。小猴子嬉笑着跟小猪说:"来我们家参加生日聚会吧。"小猪生气地说:"我不去。"

教师:同学们,小猴子为什么请不到朋友参加生日宴会呢?你能帮小猴子出出主意吗?

教室引导学生交流。

(2)角色扮演。

教师:通过刚才的交流,同学们知道了小猴子为什么没有请到客人,下面同学们以小组为单位,扮演小动物们,一起来演一演,想办法让小猴子邀请到小动物们一起过生日。

学生分小组表演。

教师:同学们刚才表演得特别棒,那么通过这个故事,你找到交朋友的法宝了吗?

学生:对人真诚,有礼貌。

教师:在刚才的表演中,小猴子的真诚和礼貌感染了小动物们,所以大家同意和他一起过生日,它也交到了很多好朋友。我们怎样才能交到更多的好朋友呢?让我们到第三站——智慧小岛去探索吧。

设计意图:本环节首先运用故事分享把学生带入生活中的人际交往体验,通过问题引导学生思考人际交往中沟通的要素,在交流中形成共识。在角色扮演中,让学生通过情景互动,学会运用真诚、礼貌的交往方式进行人际沟通,获得愉悦的情感体验,提升对自我价值的认同感,提升团体的正能量和乐于交往的动力。

3. 环节三:智慧小岛

教师:老师这里有一个交朋友的好方法,大家想不想来试一试?

(1)活动名称:帮你来找好朋友。

活动要求:请学生先在纸上写出自己的特点或爱好,每个人写三条;全体学生起立,闭上眼睛,老师抽取学生的纸,读三条特点和爱好;如果你也有这个特点或爱好就保持站立,如果你没有这个特点或爱好就请坐下,坐下后不能再起立;一轮结束后,老师再读其他三条特点或爱好,以此循环。

注意:要闭上眼睛坚持到底。请一位学生读一下活动的要求,并确认所有学生对活动要求是否清楚。

(2)采访站到最后的学生:当你睁开眼睛,看到有人和自己一起站着,你有什么感觉?请学生分享。

教师小结:同学们,刚才老师帮你找好朋友的法宝是什么?

答案是相同的特点和爱好。有了相同的特点和爱好,会很容易成为彼此的好朋友。

(3)教师:现在我们手中有两个交友的法宝了:对人真诚、礼貌,有相同的特点和爱好。除了这两个,你在生活中还有哪些交友的法宝呢?

小组讨论:和小组成员分享你的好朋友是谁,说一说你为什么和他/她交朋友。请组长把大家的交友法宝写在便利贴上,小组代表交流分享。

设计意图:本环节通过认同特点和爱好的互动体验,让学生深度融入团体。从社会心理学的角度来说,当一个人看到其他人与自己的共同点,会激发其安全感和存在感,同时激起交往的欲望,同时也可以促成自我开放的个性行为。在本环节的主题活动中,学生的个性品质不断得到团体的认同和肯定,并在讨论和分享中不断呈现自己的理解和感悟。本环节为学生愿意交往、乐于交往、主动交往赋予了能量和动力。

4. 环节四:伙伴剧场

教师:同学们,我们拥有了这么多交友法宝,下面,就让我们带着这些法宝,来到伙伴剧场,这里有几位好朋友在交往中遇到了难题,我们一起来帮帮他们吧!

(1)小华这次测试成绩很不理想,他不敢告诉家长,自己模仿妈妈在练习卷上签了名,并请好朋友小宇答应帮他保守秘密,小宇很为难。你能给小宇出出主意吗?

（2）小明给自己的好朋友小刚起了一个很难听的外号。如果你是小刚，你会有什么心情？你会怎么处理这件事呢？

（3）放松身心，静静回忆，你与朋友相处时遇到过哪些困惑和烦恼？请写在你的"烦恼树"上。

（4）请学生交流分享。

教师小结：同学们，和朋友相处有快乐也会有烦恼，我们有了这么多交友法宝，老师想送给大家一句话，身为好朋友，我们不仅要要求好朋友做到这些，我们自己也应该做到。希望大家能够运用我们学到的交友法宝，正确处理你和朋友之间的问题，让你和朋友的友谊越来越深厚。

设计意图：本环节通过伙伴剧场给学生创设了镜像效应，让学生看到交往中的问题，激发学生共情并思考，经历情感的纠结和释然，能够初步觉察交往中的伦理价值，为学生形成正确的交往观打下基础。

5. 环节五：心灵港湾

教师：时间过得真快，我们已经来到了今天旅程的最后一站——心灵港湾。

教师：刚才我们一起探索交友法宝，一起处理交友难题，你学习到了什么？有什么收获？最后送给大家一个小故事——《大象和小老鼠》。大象和小老鼠在一起生活，大象常嘲笑它："你这么小，能做什么呀？"有一天大象去找宝藏，它不愿意带小老鼠去。它对小老鼠说："你太小了，还得我背着你过河，你去有什么用呢？"小老鼠说："我很轻的，你背我过去又不麻烦。"在小老鼠的一再要求下，大象终于答应带小老鼠去岛上找宝藏。宝藏在一个小山洞里，大象进不去，而小老鼠能进到洞里。小老鼠把宝藏一点一点地背了出来。后来大象驮着小老鼠和宝藏回来了，它们成了好朋友。原来，每个人都有自己的优势，小也有小的好处呀！

教师：每个人都有自己的优势，希望每个同学都能把自己的优势运用到学习和生活中，待人友好，主动交往，与人合作，交到更多知心好朋友，让我们的班级充满绚烂的友谊之光。

设计意图：本环节通过故事分享，让学生觉察，人际关系里大多的状态是互补的,而互补是在合作中建立的,让学生体会到每个人都有长处和短处,每个人都是有局限性的,而彼此取长补短、互通有无就可能达成合作,在合作中可以获得无限的可能性,合作是交往的一个目标。

🌳 班会后延伸教育活动

课后,根据是否团结同学、关心同学、帮助同学、爱护同学、喜欢分享、及时道歉这六点,学生自评,每月进行自我反思。学生根据这六点对家长讲述在学校交友情况。

设计意图:将课堂知识延展到生活应用。学生通过自主记录与评价,在生活中形成良好的积极交往模式,从而形成人际交往能力。

👥 班会反思

本节班会课通过活动激发起学生交友的愿望,使学生学会正确地认识自己,愉快地同同学交流沟通,同时获得良好的班级氛围,为学生形成良好的人生观、价值观奠定基础。

拥抱他人——做一个受欢迎的人

📊 背景分析

人需要交往并建立和保持良好的人际关系。随着学生年龄的增长,思维水平等方面迅速发展,在日常学习和生活当中,学生越来越重视自己的观点和意愿,体现出鲜明的成人感,但还比较缺乏交往技巧,容易情绪化,不能客观、准确地评价自己和他人,面对失利往往不能准确对待。

我们都知道,与人友好相处的小窍门存在于我们的日常生活中,人与人之间的关系是非常微妙的,处理得当,和和气气,处理不当,心里产生怨恨。本节班会课引导学生调整心态,帮助他们改正缺点。活动的主体是学生,建立在"合作"和"情感"的基础上,让学生学会如何正确地去处理人际关系,让学生了解人际交往中的规则,学会换位思考,从而提高自己的交往能力,做一个受欢迎的人。

班会目标

认知目标:使学生了解与人相处的学问,懂得与人友好相处的重要性。

情感目标:学生能调整心态,稳定情绪,在人际交往的过程中体验与人友好相处的快乐。

行为目标:学生初步学会基本的交往原则和交往技巧,学会换位思考,提高自己的交往能力,做一个受欢迎的人。

班会准备

教师准备故事、诗朗诵的内容、小纸条、自测题纸、课件等,将学生分组。学生准备小品、漫画等。

班会过程

1. 环节一:故事导入

教师:同学们,你们知道一个人一生的成就决定于什么吗?有关专家称,人一生的成就20%决定于智力,80%决定于人际关系。大家听过"南风效应"的故事吗?北风和南风比威力,看谁能把行人身上的大衣脱掉。北风首先来一个冷风凛凛,寒冷刺骨,结果行人为了抵御北风的侵袭,便把大衣裹得紧紧的。南风则徐徐吹动,顿时风和日丽,行人因而觉得春暖上身,始而解开纽扣,继而脱掉大衣,南风获得了胜利。

南风效应:温暖是每个人都很依赖的感觉。你从中受到怎样的启示?

设计意图:启发学生自我反省,初步感受在处理人与人之间的关系时,宽容比惩戒更有效,帮助打开学生的心境。

2. 环节二:相互赞美,交流感受

前后座的四人分为一组,每人说出三次自己被表扬的经历和当时的感受。

老师在各组中选出一名学生向全班同学陈述。

同桌的两人一组,每人回想可以赞美对方的三处,将其依次写在小纸条上,写上自己的名字交给老师。

老师将纸条收齐后,打乱了放在一个大信封里,随机请学生上来抽取其中的一张,大声地读给全班同学听。请被读到的学生向大家说自己被赞美的感受并感谢同学。

设计意图:通过相互赞美,交流感受,学生体验到同样的事,如果态度、立场不一样,给人的感受完全不一样,对方的接受程度也不一样,明白在与人交流中,要学会顾及别人的感受,善于赞美他人。

3. 环节三:赞美他人,感受力量

教师:请每位同学找出生活中三个赞美的对象,如爸爸、妈妈、老师、同学、邻居,回想他们身上值得赞美的地方。向老师说出自己准备赞美他们的时间和方式。

学生表达赞美。

教师小结:刚才许多同学体验到了赞美,也向别人表达了赞美,相信大家感受到了赞美的力量。请欣赏诗朗诵《赞美的力量》。

思考并讨论:要不要赞美他人?全班交流,辩论,表演。

教师:请每个同学找出自己在班上交往最少的同学,原因是什么?这些同学身上有什么值得赞美的地方?向这些同学说出自己的赞美。

设计意图:赞美的力量是无穷的。这一环节中,学生能够感受到赞美是我们随时随地能献给别人的一件礼物,它是人际交往的润滑剂,是情感沟通的需要,也是自我完善的需要。我们都应该大胆地去赞美别人。

4. 环节四:学会正确交往,成为受欢迎的人

教师:作为一个学生,如果你与同伴合作良好,获得大家的支持,那么你就会心情舒畅;如果你不与同学交往,受到大家的排斥,你就会缺乏

安全感,产生严重的焦虑、自卑等,可能无法提高学习成绩,甚至不能进行正常的生活和学习。所以,不论现在还是将来,我们都要努力使自己成为一个受欢迎的人,这样才能更好地与人交往。

(1)小品表演:选取运动会、期中考试、值日、宿舍以及排座位等场景,表现受欢迎的人和不受欢迎的人的行为品质。

(2)讨论:归纳受欢迎的人和不受欢迎的人的特征。受欢迎的人:待人真诚、爱集体、有荣誉感、有责任心、有上进心、有礼貌。不受欢迎的人:冷漠、虚伪、自私、嫉妒、没有责任心、甘愿落后。

(3)"做个受欢迎的人"自测:教师发下自测题纸,每个学生填写。说明:若自己做到了该项内容,就在后面的括号内打"√",若没做到,则打"×"。自测题中肯定的回答越多,自己越受大家的欢迎。自测题内容:① 对班集体活动热心,对工作负责。② 别人有苦恼,我会同情他、安慰他。③ 能虚心学习别人的长处。④ 有了过失,能勇于承认,及时修正。⑤ 能接受别人的意见。⑥ 别人取得成绩,我会为他高兴。⑦ 批评同学总是善意的。⑧ 不炫耀,不自命不凡。⑨ 学习努力,要求上进。⑩ 兴趣广泛,有特长。⑪ 能遵守纪律。⑫ 待人有礼貌,尊敬师长。⑬ 风趣幽默,机智果敢。⑭ 仪表整洁,爱护环境。⑮ 信守诺言。

(4)出示漫画。漫画为一个女同学向一个男同学打招呼:"早上好!"男同学很纠结,是要一言不发地离开,还是也和她打招呼,他很尴尬,都不知道说什么好。

讨论:像他们这样与人交往会获得友谊吗?为什么?

设计意图:让学生做有关人际交往的心理测试,引导学生从具体的题目中了解人际交往主要包括哪些方面。分别从人际关系的建立与发展过程以及人际交往的原则来向学生讲述如何与他人建立良好的人际关系,如何成为一个受欢迎的人。

5. 环节五:活动总结

(1)交友的基本方法是什么呢? ① 对待朋友要真诚友善。越是知心的朋友,越是要以诚相待。② 懂得体谅朋友。站在对方的角度考虑问题,不要只注重自己的感受。③ 对朋友要宽容。人无完人,朋友难免会有缺点和不足,对朋友的要求不要过于苛刻。④ 注意态度友好、尊重。不能因为感情好就无所顾忌,更不能拿朋友当出气筒。⑤ 要有奉献的精神。对朋友要真心帮助。

（2）在与人交往过程中,难免会有冲突,这时我们该怎么办呢？① 主动查找原因,要搞清楚问题出在哪里,不能因赌气而坐视不管。② 主动承认自己的错误,不要顾及所谓的面子,因为维护这点虚荣就要以友谊为代价。③ 学会心理换位,尝试站在对方的角度看问题,可以解开不少心里的疙瘩。④ 学会谅解,如果问题出在对方身上,不要过于计较。心胸开阔可以获得更多的朋友和快乐。⑤ 要用发展的眼光看待自己的朋友,随着年龄的增长,要允许朋友改变,因为我们自身也在不停地变化。

设计意图:影响人际关系的因素很多,如人的因素、物的因素、时间因素、空间因素。其中,人的因素最为重要。在交流中,学生意识到虽然自己现在做得还不完美,但只要从自身的实际出发,慢慢积累,不断改进,努力提高自身修养,一定会成为一个受欢迎的人。在与他人的交往中,也会使对方感受到自己的真诚。

6. 环节六:课后拓展

出现问题 1:即兴表演。

表演情景（1）:A 和 B 同学在走廊上疾走相撞。A 和 B 同学互不礼让,怒目而视:"路这么宽,为何要撞我？"结果:A 和 B 同学都产生不良情绪,两人因此迟到,上课不专心,几天下来心情一直不好。

表演情景（2）:A 和 B 同学互致歉意,"没事,人生哪没有磕磕碰碰的。"结果:得到相互宽容、理解,心境佳,上课效率高。

出现问题 2:被取绰号——"小胖猪"。我和很多同学都有过这样的经历。每次被叫绰号"小胖猪"时,总有被嘲笑、侮辱之感,心里觉得很不好,你有过这样的经历吗？你觉得给同学起个绰号过瘾吗？

小结:我们应该加强尊重同学的意识,人与人之间要真诚、互相尊重和理解。

出现问题 3：交往中被同学误解怎么办？

既然是同学，就要在一起学习。如果我在交往中被同学误解，我会冷静下来认真找出其原因，然后亲自找这位同学谈心或请朋友帮忙消除误会，珍惜这段同学情。

小结：对人对事，多站在别人的立场或处境想问题，体谅对方的难处和心情。必要时不妨问问自己："假如我是他／她，我又会怎么想？会怎么做呢？"

出现问题 4：在交往中发现有的同学缺点很多，如自私、冷漠和不合群，该怎么办？

学生 A：不跟他交往，他的缺点太多，无法接纳。

学生 B：既然是同学就要友好相处，我们要宽厚待人，真诚地和他们交谈，用行动感化他们，使他们成为我们的知心朋友。

学生 C：人无完人，每个人都有缺点，但也有优点。我们要学会赞扬别人，帮他们树立信心，学会包容别人的缺点，给他们一定的时间和空间改掉缺点，而不应疏远甚至不与之交往。

小结：人无完人，我们都要看到自己的优点、优势，也要看到别人的优点、优势。接纳自己，也接纳别人。我们在与人相处时应保持这样的心态，"我好，你也好"或"我行，你也行"，我们要有包容的心。

总结：美国著名心理学家威廉·詹姆斯认为人性最高层的需求就是渴望别人的欣赏。受到赞扬、被人尊重能使人感到生活的动力和自身的价值。同学之间应该学会互相夸奖，这样就能增强自信心，就能与同学相处得更好。

设计意图：人际交往在学生的学习、生活以及今后的工作中都会起到非常重要的作用，应该从小培养孩子的乐群性，让孩子了解如何做才能让他人更喜欢自己，才能更好地与他人建立良好的人际关系，帮助孩子成为一个受欢迎的人。

班会反思

通过各环节的活动参与，部分学生意识到自己还是比较缺乏交往技巧,容易情绪化,而且不能客观、准确地评价自己和他人,面对失利往往不能准确对待。结合本节班会课,引导学生调整心态,帮助他们改正缺点,让学生了解人际交往中的规则,学会换位思考,从而提高自己的交往能力,做一个受欢迎的人。

巧用 ORID,化解抬饭矛盾

背景分析

根据《中小学德育工作指南》,德育内容之一是"心理健康教育",开展"人际交往、情绪调适""以及适应社会生活等方面教育,引导学生增强调控心理、自主自助、应对挫折、适应环境的能力,培养学生健全的人格、积极的心态和良好的个性心理品质";在实施途径方面,"要精心设计、组织开展主题明确、内容丰富、形式多样、吸引力强的教育活动,以鲜明正确的价值导向引导学生,以积极向上的力量激励学生,促进学生形成良好的思想品德和行为习惯"。

ORID(焦点讨论法)常用于企业等各项会议中,也可以应用于教育领域,我校自 2013 年开始尝试将其运用在课堂教学、主题班会、师生沟通等方面。与传统的育人方式相比,ORID 能有效调动学生的积极性,参与面广,效果较好。ORID 包括四个层次:"O"表示 Objective,事实,客观描述你所看到、听到、闻到、感触到的一切;"R"表示 Reflective,感受,反映你的情绪,如喜、怒、哀、乐、失望;"I"表示 Interpretive,想法,诠释你自己的理解,反思;"D"表示 Decisional,决定,下一步的打算。

初中生正处于青春期,有个性,有自己独立的意识,所以在同学正常交往中往往会存在一些困惑,甚至产生一些矛盾,需要教师及时关注、及时处理,防患于未然。

🎯 班会目标

认知目标:通过分享抬饭故事,让学生认识到同学互相尊重的意义,提高正确人际交往的认识。

情感目标:通过情景剧还原,增强学生的同理心,学会互相理解、互相体谅,增进同学情谊。

行为目标:通过"我"来支招活动,提高学生的独立思考能力,使他们互帮互助,增强班级凝聚力。

📑 班会准备

教师准备:彩色 A4 纸、水彩笔、4K 白纸。

学生准备:情景剧表演——"她"很难过。

🔺 班会过程

1. 环节一:O——"她"很难过

情景剧表演:

值日组长小白:老师,我想调组。

老师(愣住的表情):为什么?

小白(泪光点点):因为没有人抬饭。

老师:到底发生了什么事?

小白(涕泪横流):我们组只有两个人,我上来叫人帮忙的时候,他们都不帮,就两个女生帮—看看别的班里的同学都是四个人抬,有说有笑的,看我们组,连个帮忙抬饭的都没有,我们女生根本就抬不动……

老师:那么调组能解决你的问题吗?

小白摇头。

老师:你觉得大家都不乐意帮你吗?

小白(激动、连哭带嚎):就两个女生帮我,这样值日是不公平的!

设计意图:创设情境,再现事件原委,便于全班学生了解情况,利于下一步活动开展。

2. 环节二:R——"我"的感受

老师:当你看见小白泪流满面的样子时,你的感受是什么? 为什么?

分组谈感受,4位值日班长先谈,接着组内同学谈,然后其他组长和同学谈。

(1)值日班长谈感受。

小郁:很不好受,因为当时她冲着我们喊让我们去帮忙抬饭的时候,我以为他们自己组有人,我就没有去,但是现在看到她这样我很难受。

小卓:很理解她的感受,但是我觉得她当时跟大家说话的语气不友好,如果她的态度好一些,我觉得我们大家都会去帮她的。

小峰:很惭愧,当时她过来叫人的时候,我在忙着做题,没有注意到,后来看到她哭着出去了,我就起来想去帮,不过我看到小马去了我就没再去。

小吴:我出去吃饭了,我不知道这种情况,但是我也很理解她的感受,因为我们组也是少一个人,但是我每次都是让我们组的男生孙俊杰找人和他一起抬,他们男孩子有时候会贪玩一些,有时候会晚一些下去,但是最后都下去了,而且我也是有时候抬不动,但是也咬咬牙就那么着了。

(2)组内同学谈感受。

小李:老师,我很惭愧,昨天我临时调到这个组,我真的是忘了,我昨天就记得要和他们一起值日了,但是我忘了还要一起抬饭。老师,您是知道的,我一向是那个提醒别人的人,但是今天……我……

小衣:我觉得组长小白的态度有问题,当时我正叫几个同学下去帮忙,如果小白的态度好些的话,他们就都跟着我下去帮忙了。

设计意图:不同学生站在不同的角度谈感受,让同学全面了解事情的原委,感同身受,产生共情,思考同学相处过程中应该关注哪些细节,也让小白同学知晓当时同学没有帮忙的原因,这有利于平复情绪,换位思考,互相体谅。

3. 环节三:I——"我"来支招

老师:当你们遇到小白所说的情况时,你们是怎么解决的,有什么高招?

小姜:我很理解她的无奈,我的做法是,在教室里的时候我先把人召集齐了,然后一起下去,可能会晚一些,但是必须大家一起下去才能抬,就不用因为人手不够上来叫人了。

小孙(人数不够的那个小组的男生,被追问"组长每次都是让你自己找人帮忙,你是怎么看待和解决问题的"):没什么,我是男的嘛,不过轮到我们组的时候,我每天都找不同的人帮我抬饭,他们每次都帮我。

小马:我几乎帮每个组的同学都抬过饭,今天我听到就下去了,其实大家不是不帮,只是慢一些而已。

小牟:我们自己抬,虽然有些累,但是没有问题,我们能克服困难。

小夏:我觉得要是她的态度好一些的话,大家可能会更乐意帮的,而且我每次找别人帮忙的时候,不是冲着一群人喊,而是直接指定某个男生,跟他说,某某某,你帮我抬饭吧,他们都会答应的。

设计意图:在不断的沟通交流中,引导学生自主发现问题的症结所在,一是小白处理问题的方法和态度有问题,需要改进,二是四人抬饭的固定模式有问题,需要调整,下一步提出解决方案水到渠成。

4. 环节四:D——"我们"一起行动

老师:抬饭总会遇到这样那样的问题,比如人数不够,同伴忘了,或偷懒等情况,你有什么好的建议和办法?

小组讨论,在彩色 A4 纸上记录,全班交流。

学生明确:首先,要态度端正,尊重他人,其次,办法总比困难多(自己抬、指定本组男组员负责协调、固定替换人选等。)

老师:如果你是当事者小白,你有什么新的感受? 听了大家的建议,对于明天的抬饭工作,你有什么新的打算?

学生表示要诚恳地道歉,指定同学帮忙。

设计意图:具体问题具体分析,让学生自主探究解决问题,这样所达成的共识易于接受,同学的心结打开,矛盾化解。

5. 环节五:小结——抬饭,我们一起来

(1)即兴表演。

小白:今天轮到我们组抬饭了,你们几个快跟我来呀!(招呼时发现有个抬饭的男同学被老师叫住了。)

小白(先沮丧后有信心):唉,怎么又没人抬饭了,真愁人!不对,我会找到帮手的!我先看看搭伴替补的小王在不在?小王,能帮我们组抬饭吗?

小王同桌:小王不在!

值日班长(听到招呼声,立马过来询问):怎么了?抬饭缺人?你们组有没有搭伴替补的?不在?来来来,需要一个男生抬饭,赶紧的替补一下!

五六个男生回应:我可以!

值日班长调侃小白:怎么样?还为抬饭发愁吗?

小白(笑了):你说呢?

大家都笑了,一起簇拥着小白出门抬饭去了。

(2)用一个词或一句话总结本节课的收获。

设计意图:回扣第一环节,"授人以鱼不如授人以渔",沟通交流以后,学生学会了如何解决类似问题。

🌲 班会后延伸教育活动

搜集人与人之间友好相处、互相尊重的原则,制成墙报,将其张贴于宣传栏。

补充完善小组公约,将其张贴于宣传栏,同学互相监督公约的执行情况。

👥 班会反思

本次班会是针对班级内出现的突发事件而巧妙运用了 ORID 这种

引导力工具。班主任处理类似班级琐事的时候经常是稍加说教,干脆、利索,不浪费时间,但是初中生有独立意识,采用这种快刀斩乱麻的方式可能会对情况了解得不够透彻,一些学生不服气,进而引发很多"后遗症",如同学关系僵持,运用 ORID 看似耗费时间长,但是学生在坦诚的诉说中不仅可以平复心情,也会主动思考,将问题解决,无须说教,有利于学生的自我成长。美中不足的是时间原因,在最后的展示环节中有两个小组没有展示,在第二周的完善小组公约活动中给予机会,他们进行了展示。

第四部分 法制安全教育

随着社会的发展,各种问题也接踵而至,包括孩子在成长过程中遇到的安全隐患。为此,法制安全教育显得非常重要。它不仅可以提高孩子的安全意识,还可以规范孩子的行为。中小学法制安全教育是指通过传授法律知识、安全知识等手段,使中小学生认识到在日常生活中存在的安全隐患,增强其法治观念和安全防范意识,使其自觉遵守法律,自觉维护社会安全,自觉维护自身合法权益的一种教育活动。在日常生活中,孩子所面临的很多危险是不可预测的,通过教育,孩子对周围的事物更加警觉,从而在危险发生时更加从容地保护自己。法制安全教育不仅培养孩子的规则意识和法律意识,还让他们明白什么是正确的行为和道德观念。

学校要培养学生的规则意识。可以通过制定规则、建立班级制度等方式来培养他们的规则意识。要培养学生的法律意识。可以通过讲解法律规定、让学生了解法律案例等方式来培养他们的法律意识。要培养学生的道德观念。可以通过道德教育、让学生了解道德典范等方式来培养他们的道德观念。学生接受法制安全教育后,可以在不断学习的过程中成长为有责任感、有意识和有担当的人。

总之,中小学法制安全教育对学生的成长是非常重要的,它是一项长期而系统的工作,需要学校、家庭和社会的共同努力。因此,我们应该让孩子在家庭和学校中都能够接受法制安全教育,培养他们的法治观念和安全防范能力。让孩子在成长过程中更加健康和快乐,为构建法治社会和谐社会打下坚实的基础。本部分中,前三个活动主题是遵规守纪,后三个活动主题是突发应急。

"遵规守纪,争做礼仪小明星"主题班会

背景分析

校规校纪是为了维持学校中正常的教学秩序,使学生在德、智、体、美、劳方面获得健康成长从而提出的一定的行为准则和人际交往的基本要求。学生不但应该去主动了解、熟悉学校纪律的内容和基本要求,而且应该自觉地利用学校的规章和制度来约束、规范自己的各种行为,从而帮助自己养成遵守纪律的习惯。一名合格的小学生应遵守校规校纪,从小养成良好习惯。

低年级小学生假期过后的那几天总是纪律最松懈的时候,因而帮助他们明确纪律的重要性,就显得非常重要。为了使全班学生进一步理解新的《小学生日常行为规范》要求,本次主题班会以学生学习行为规范为中心,结合学生生活中的实例研讨,开展一系列活动对本班学生进行行为规范教育,从而增强班级团结,帮助学生做遵规守纪、诚实守信、勤奋向上的小学生。

遵规守纪是人类为了维系社会的正常生活而要求大家共同遵守的最基本的道德规范,它是在人们长期共同生活和相互交往过程中一步一步形成的。孔子曰:"从心所欲,不逾矩",遵规守纪,不仅仅是一个人对规则的认同,也是对他人的尊重,可以使人与人交往过程更加和谐,使社会发展更加有序。礼仪作为一种无形的行为规范,有助于促进社会关系的和谐发展。

班会目标

认知目标:引导学生了解学校的日常规章制度,了解学校的学风建设情况。

情感目标:教育学生提高自己的修养,增强集体荣誉感,做文明守纪、行为端正、文明守礼的好学生。

行为目标:教育学生遵守课堂纪律,遵守课间活动的秩序,让学生知道"文明守纪"不是一句口号,要加强自身管理,从自己做起,从身边做起,从小事做起。

📝 班会准备

教师确定活动主持人,主持人认真做好主持过程的准备工作。教师准备有关背景音乐、歌曲、课件。学生调查争做文明守纪学生的做法;编排情景剧,提前做好排练工作。

🏅 班会过程

1. 环节一:文明之歌我来听

播放《咱们从小讲礼貌》音乐,在歌曲中本次班会的主持人上场。

主持人A:尊敬的老师们——

主持人B:亲爱的同学们——

合:大家好!

A:欢迎参加二年级"遵规守纪,争做礼仪小明星"主题班会。我是文明小学生×××。

B:我是文明小学生×××。

A:从小我们就知道,要尊师守纪礼仪好,为什么呢?

B:因为有礼貌的孩子人人爱,懂礼貌的孩子人人夸。

A:让我们从小讲文明、懂礼貌。

B:下面就让我们一起走进今天的主题班会。

合:遵规守纪,争做礼仪小明星。

班主任小结:播下行为的种子,你就会收获一种习惯;播下习惯的种子,你就会收获一种性格;播下性格的种子,你就会收获一种命运。同学们,我国著名教育家叶圣陶说过:"什么是教育?简单一句话,就是要养成习惯。"习惯成自然,好的习惯是文明守纪的结果,好的习惯能够规范我们的行为。坏的习惯却能误导我们的行为,甚至可能让我们误入歧途,走上不归路。好的习惯将会影响你的一生,因此每个同学都要文明守纪,争做文明小学生。二(1)班"遵规守纪,争做礼仪小明星"主题班会现在开始。

设计意图:行为是人与人之间交流的桥梁,讲规则是现代社会文明的基石和标志,讲文明是做人的基本准则。此环节以《咱们从小讲礼貌》歌曲引入主题,激发学生的学习欲望。

2. 环节二:文明守纪我来说

A:同学们,你知道什么是文明守纪么? 你觉得你在平时学习生活中应该怎样做才能做到文明守纪呢? 下面请同学们看图,并结合自身谈谈你的看法。

用课件出示以下问题。

(1)上课铃响了,我们应该怎么做? (做好课前准备,安静等老师来上课。)

(2)上课可以随便说话、交头接耳吗? 有事情怎么办? (不可以,要尊重老师、尊重自己,认真听讲。有事情先举手,再发言。)

(3)课堂上可以做小动作吗? (不可以,这会影响自己学习,也影响别人学习。)

B:我们都知道应该怎么做了,下面我们来当小判官,看看下面的说法是对还是错。

用课件出示以下几条。

(1)我看到地下有支铅笔不知道是谁的,就捡起来放到自己的文具盒里。(×)

(2)碰到题目不会做,不如拿同桌的来抄抄吧。(×)

(3)看到同学长得很胖,我们就故意给他起外号,叫他"猪猪侠"。(×)

(4)排队时可以大声喧哗、勾肩搭背,只要不被老师看见就行了。(×)

(5)手中有废纸或其他垃圾,随手丢在路边,反正没有人看见。(×)

（6）按时到校,不迟到,不早退,不旷课。（√）

（7）别人不小心踩到你的脚,立即给你道歉了,你说没关系。（√）

（8）上课太烦人了,我扒拉同桌,偷偷给她说笑话,大声喧哗,破坏课堂秩序。（×）

（9）前面是我们的学校老师,我们赶紧绕道而行吧,免得和他打招呼。（×）

（10）认真值日,保持教室、校园整洁优美。不在教室和校园内追逐打闹喧哗,维护学校的良好秩序。（√）

B:同学们都是优秀的小判官,都能正确地判断对错,看来大家已经懂得什么是不文明、不守纪的行为了。

设计意图:知道一个文明守纪的小学生应做到哪些,并且能说出来。能对行为进行判断,并且自觉做到讲文明、守纪律。

3. 环节三:文明守纪我来演

A:跨进学校的大门,我们就要做文明的小学生,但是淋淋却做了些什么呢? 请大家仔细看小品《淋淋迟到》。

时间:课堂上。

人物:淋淋、老师和同学们。

内容:"丁零零""丁零零",随着两声清脆的上课铃声响起,同学们都静静地坐在位置上,老师站在讲台前,大家都准备上课了。教室门被踢开了,淋淋满头大汗地跑了进来,在自己的位置上重重地坐下,嘴里喘着粗气,一阵忙碌,将自己学习用品放好,老师和同学们都看着他。

A:为什么老师和同学们都看着淋淋? 你觉得淋淋这样做对吗? 为什么?

学生讨论交流。

A:淋淋上课迟到了,这样毫无顾忌地冲进教室是很不礼貌的,可惜淋淋没意识到,依然我行我素,还弄出很多响声,违反了校规,还破坏了整个教室的安静气氛,这样做影响了大家的学习。同学们,如果我们迟到了,来到教室时应注意什么呢?

学生交流。

设计意图:使学生懂得集体和个人的关系,明确文明守纪的重要性。

4. 环节四:文明守纪我来学

B:为了使同学们对文明礼仪的具体要求有更加深刻的理解,下面请欣赏模特队带来的精彩表演。

"举止美文明礼仪模特队"队员上场,队长举牌。队长:高梓妍,队员:高浩轩、高玉哲、何佳勋、何晨曦、高菡铄、江乐一。

队长:我们是"举止美文明礼仪模特队",下面,我提一个问题,举止美的具体要求有哪些?

队员依次回答:站如松。具体要求:头正、颈直、挺胸、收腹、立腰,整个身体有向上提的感觉。坐如钟。具体要求:端正地坐在座位上,上身自然挺直,头正,双腿自然弯曲,双手自然地放在桌面上或膝盖上。行如风。具体要点:头抬起,胸要挺,背要直,腰要立,轻而稳。

队长:好,下面就让我们小队展示站如松、坐如钟、行如风。

全体起立、稍息、立正,展示站姿。齐步走,展示行姿。立定、坐下,展示坐姿。

队长:举止美不仅能给人留下美好的印象,还能使自己的身体健康,请同学们在日常生活、学习中注意举止美。

设计意图:使学生把规范的要求内化为自觉的行动,做遵规守纪、诚实守信、文明有礼的学生。

5. 环节五:文明守纪我来找

A:谢谢"举止美文明礼仪模特队"的精彩表演!让我们再一次把掌声献给每一位参加演出的同学。同学们,"文明守纪"不是一句口号。我们在日常生活中就有很多同学讲文明、守纪律。其实我们班就有很多文明之星,谁能来找找看,并表扬表扬他呢?

学生自由发言。

B:这些事(讲文明、守纪律的例子)虽然是小事,但是每个同学都是善于观察的人,可以从小事中发现他人的闪光点,正是这些小事展示了一个道理:于细微处见精神。如果我们每个同学都能文明守纪,那么我们的校园将会更和谐、更美。希望大家向这些同学学习,每个同学都能成为文明之星。

设计意图:通过观察学会发现,明白于细微处见精神的意思,更好地实践。

6. 环节六:文明之歌我来唱

A:最后,让我们大家一起唱《文明礼貌歌》。

合:愿这首歌带去我们的心愿,送上我们的祝福,愿我们的校园更加美丽,愿同学们都成为文明礼仪的使者!

全班齐唱《文明礼貌歌》。

B:下面请我们的班主任老师作总结。

班主任总结:同学们,做文明的人是现代社会对人的基本要求,我们要把讲文明、懂礼貌、守纪律作为我们生活中的基本行为准则,并把它内化为自觉的行为。文明礼貌,重在表现;良好习惯,重在养成;社会公德,重在你我。同学们,让我们一起来庄严宣誓:让我们从现在做起,从身边做起,用每一项实际行动去做一个文明的人,一起来告别那些不文明的行为!让文明的号角响彻育才的天空!

班主任宣布班会到此结束。

班会后延伸教育活动

寻找身边的礼仪榜样之星,边找边拍。班主任广泛发动学生,组建"寻找身边的礼仪榜样之星"小记者团。小记者团着眼家庭、学校、社会三大成长空间,主动寻找,发现知礼、守礼、行礼的身边人、身边事,并利用身边工具——数码摄像机、相机、手机等捕捉并记录事情的经过和动人瞬间。本次活动以微视频的展示为主要形式。内容要紧扣主题、导向鲜明、真实可信,以小见大,启迪人心,充分展示学生"爱、善、诚、勤、俭、美"六种理念和价值取向。

设计意图:对学生继续进行良好的思想教育,使其把良好的思想体现在行为上,使学生通过发现身边的礼仪榜样之星,养成文明守纪的习惯,并能互相监督,共同做文明守纪的学生。

班会反思

规则对于低年级学生来说是一个重要的话题,要让学生树立遵规守纪的意识。在这节课上,班主任设计了一些题目,让学生通过观看反面例子来感受规则的重要性,再选取学生在校园生活的片段明理辨析,然后延伸到社会生活中的种种规则,这样避免了空洞的说教和生硬的灌输,给学生创造了一次次思考的机会,激发了他们的参与热情,给其以强烈的情感体验。各种活动让学生了解规则,并且自觉地遵守规则,让学生从要我遵守规则转变为我要遵守规则。

但课堂永远是一门遗憾的艺术。课堂上班主任虽注意避免太多的说教,尝试结合学生以及身边其他人的具体事例进行引导,使学生在对事例的分析中,逐渐内化规则意识,但低年级学生在表述的时候过于天马行空,为了环节的顺利进行、达到目标还是被班主任牵着走,显得较被动。

改进措施:应根据学生的年龄特点,课前让学生完成调查问卷,指导学生如何进行调查,使学生有章可循,带着问题走出教室,走向社会。教师及时了解学生收集的各种信息,将学生课前的实践活动与课上汇报有机结合起来,使教学更有针对性。

遵规守纪,警钟长鸣

背景分析

现在的学生在家大多是"小公主""小皇帝",在班级集体生活中,一些学生往往不能很好地遵守各项规章制度,常以自我为中心,过于强调

"自由",甚至做出触犯法律的事情。为此,教师设计开展本次"遵规守纪,警钟长鸣"主题班会,在思想上给学生敲响警钟,让学生知道遵规守纪、保障安全的重要性,使其从自身做起,遵规守纪、尊重法律。

🎯 班会目标

认知目标:懂得"不以规矩,不能成方圆"的道理,增强法治观念,懂得遵规守纪的重要性。

情感目标:深刻认识只有全社会都遵规守纪,社会才会和谐,我们的生活才会更有秩序,人身安全更有保障。

行为目标:教育学生从自己做起,从小事做起,做遵守校规校纪、尊重法律的好学生。

📝 班会准备

学生提前搜集古今中外名人遵规守纪的故事资料,分小组准备诗朗诵等节目,积累遵守规则的名言警句。

🏅 班会过程

1. 环节一:故事导入,揭示活动主题

教师:同学们,老师给大家带来一个故事。一名在法国留学的中国学生成绩优异,毕业后希望留在法国求职。他拜访了很多家大公司,却都不明缘由地被拒绝。于是他狠狠心,选了一家小公司去应聘。没想到,还是一样遭到了拒绝!忍无可忍的他,终于拍案而起。对方请愤怒的他坐下,然后从档案袋里取出一张纸放在他面前——这是一份诚信记录,上面显示他乘坐公共汽车曾有3次逃票记录。这名留学生万万没有想到,自己奋斗多年,最后竟然输在了这3次逃票记录上!听了这个案例,你有什么感受?想说什么?

设计意图:让学生交流感受,故事带给他们震撼的同时,引出"遵规守纪,警钟长鸣"的班会主题。

2. 环节二:活动过程

活动一:配乐诗朗诵《说纪律》。

主持人:每当一轮红日从东方的地平线上冉冉升起,新的一天又开始了! 当我们背上书包高高兴兴地走进校园,一天的学习生活又开始了! 面对每一天的开始,面对每一天的学习生活,你会想到什么? 你打算如何去做呢? 请欣赏配乐诗朗诵《说纪律》。

小学生活是人生的起步,是万里长征的开始。

人生的道路上,还有许许多多的荆棘和坎坷。

面对今天的开始,面对人生的起步,你会怎样一步一步地走过?

太阳每天东升西落,一年四季,春夏秋冬,燕子飞走了又会飞回来,草木秋霜死,春风吹又生。

世间的一切事物都有它的规则,如果违反了规则,后果可想而知!

国家制定法律法规,是为了约束那些违反法律、不遵守社会规则的人。

设计意图:激情澎湃的朗诵点燃了学生上课的热情,现场气氛热烈,感染更多同学积极主动地参与进来。

活动二:历数中华优秀好儿女。

主持人:翻阅中国历史,严于律己的名人故事比比皆是,无时无刻不让我们动容。

学生 A:鲁迅认为只有遵守纪律,才能让自己的创作更加规范和有条理。他在写作中经常遵循某些规则和约定,这为他的文学创作打下了坚实的基础。

学生 B:中国互联网创业者马化腾很早就把遵守纪律当做自己的生活和工作习惯。今日的腾讯之所以能发扬光大,也与他的严格要求和规范化管理有关。

设计意图:名人的榜样示范效应会带来更好地教育效果,学生受到震撼、感染,情绪被充分调动起来。

活动三:一起来辨析。

教师:少成若天性,习惯如自然。平时我们的一些做法或者习惯是不是符合规范呢？请判断下面的说法是对还是错。

教师以PPT出示题目：

（1）老师让我改错题，我的笔找不到了，同桌不在，我拿他的笔用一下。（×）

（2）趁服务员没有看见，吃完饭不买单走人。（×）

（3）同学之间互相尊重、团结互助、理解宽容、真诚相待，不以大欺小，不欺侮弱小的同学，不戏弄他人，发生矛盾时多做自我批评。（√）

（4）吃饭时边吃边聊，这样才是会利用时间。（×）

（5）手中有废纸或其他垃圾，随手丢在路边，反正没有人看见。（×）

（6）按时到校，不迟到，不早退，不旷课，有病、有事向老师请假。（√）

（7）不说脏话，不骂人，不打架，不赌博。不涉足未成年人不宜的活动和场所。（√）

（8）这些作业题我不会做，干脆拿同桌的作业抄吧。（×）

（9）排队时可以大声喧哗、勾肩搭背，只要别被老师看见就行了。（×）

学生判断题目并说出理由。

设计意图：使学生明确应该从小养成遵守规则的好习惯，从小事做起，做守纪的、光明磊落的好少年。

活动四：观看视频，审视自我。

教师出示不遵守交通规则造成交通事故的视频案例。

教师再出示志愿者利用节假日、休息日到马路上参与维持交通秩序的视频，他们提醒骑电动车的人戴头盔，在公交车站组织乘客排队上下公交车，提醒行人过马路走人行横道等。

主持人：看了以上两段视频你受到什么启示？

设计意图：学生交流遵守交通规则和不遵守交通规则分别产生的后果以及自己受到的启示，促使他们决心遵守规则。

主持人：今后你要怎么做？

分小组讨论。第一小组汇报表演：从超市出来发现有忘付款的商品，又返回买单。第二小组表演：几名高年级学生围住一名低年级学生，想跟对方借钱,低年级学生机智周旋脱险,几名高年级学生受到应有的惩罚。

列举生活中自己碰到的例子,或者自己身上存在的问题、现象,进行讨论交流。

设计意图:让学生懂得自己要时刻遵守纪律,遇到危险要想办法机智地保护自己。

教师:同学们,老师相信你们能做到遵规守纪并养成良好的习惯,好的习惯可以让人受益终生,而自身存在的坏习惯无形中会成为你人生的绊脚石,就像那位在法国留学有逃票记录的中国学生,相信他的经历已经对大家有所启示和震撼了。

活动五:班委会提出倡议并组织签名。

主持人:同学们,不遵守规则危害确实很大,甚至影响自己的名声及前途。为了改正不良习惯,养成良好习惯,班委会向同学们发出倡议:播种行为,收获的是习惯;播种习惯,收获的是性格;播种性格,收获的将是人生。让我们签上自己的名字,让遵规守纪讲诚信永远留在我们班!

进行签名活动。

设计意图:签名活动不仅给学生仪式感,还可以让学生更重视,无论工作还是生活、学习,都需要遵守规则和纪律,课堂气氛高涨。

3. 环节三:活动小结

主持人:不以规矩,不能成方圆,今天通过同学们的精彩表演和积极参与,通过心与心的沟通和交流,我们认识到不管是在学校里还是进入社会,都应该遵规守纪,我们应从小养成这个良好习惯,做行为规范的学生。相信好的习惯会让同学们终身受益。

班会后延伸教育活动

(1)围绕本节课主题办一期手抄报,并向周围人做好宣传工作。

(2)"遵规守纪讲诚信好习惯"家庭活动方案:① 亲子一起协商、建立家规。例如,21:00 之后保持安静,准备洗漱、休息等事宜,睡前把手机放到客厅,不带到卧室;回家不得晚于 21:00。② 建立奖励和惩罚制度。奖励遵守家庭纪律的成员,如表扬、送小礼物。对孩子制订的学习计划,按计划完成有奖励。当然,对违反制度的成员要采取适当的惩罚措施,让其意识到自己的错误和责任,并监督其改错。③ 培养孩子养成良好的习惯,父母首先做好表率,有良好的生活习惯和行为习惯,例如,按时起床,按时用餐,每周定时大扫除。孩子受到影响,潜移默化中就培养了其做事有计划、讲规矩,不管是生活还是学习,都会越来越自律。

班会反思

小学生从小养成良好的行为习惯可以受益终生,遵规守纪是实现安全教育的保障。这节课采用多种活动形式充分调动了学生参与的积极性,学生由浅入深地体会到遵规守纪的重要性,真正做到防微杜渐,取得了较好的活动效果。

共研"家"规,共筑成长

背景分析

本节课遵循《中小学德育工作指南》中的要求:德育工作要"符合中小学生年龄特点、认知规律和教育规律,注重学段衔接和知行统一,强化道德实践、情感培育和行为习惯养成"。意在通过教师引导,学生制定公约,树立规则意识,形成尊重他人、乐于助人、善于合作、勇于创新等良好品质,促进学生形成良好的思想品德和行为习惯。

根据《青岛市中小学(幼儿园)学生"十个好习惯"建议(试行)》要求,初中学段的学生应培养"学会自主学习""勤于钻研探究""遵守法律法规"等好习惯。

入校不久的初一学生,稚气未脱,未完全适应初中生活,对新的班级缺乏集体意识,规则意识不够强。教师注重学生的全面发展,坚持在班级中实行自主管理,培养学生做积极向上、有责任担当之人。

本班学生热情活泼、个性强,有时随性,需要班级公约这样的规则约束,增强班级凝聚力,促使其养成良好的行为习惯,为其全面发展奠定基础。

🎯 班会目标

认知目标:引导学生群策群力商定班级公约,激发学生对于规则的认同感;通过小组合作,制定遵守公约的具体措施,形成班级总公约,增强学生诚实守信意识。

情感目标:通过回顾课堂约定、生生互动致谢的活动,营造我爱我"家"的氛围,增进同学感情,增强班级凝聚力;通过学生表述遵守公约的决心,明晰短期目标,增强责任担当意识。

行为目标:通过头脑风暴的形式,畅想理想班级,引导学生自主思考,热爱并维护新集体;通过圆桌会议形式,引导学生明确遵守公约的具体要求,强化中学生"十个好习惯"的培养。

📝 班会准备

教师准备:整理学生从开学至今的成长足迹(照片),做成展板。

学生准备:班长负责征集学生对班级的初印象,形式可多样。

家长准备:录制视频(家长心中的理想班级)。

🏅 班会过程

1. 环节一:我们的"家"

(1)新课导入。

教师:同学们,今天班会的主题是"共研'家'规,共筑成长"。请班长带领大家回顾课堂约定。

班长带领大家回顾课堂约定:回答问题声音洪亮,认真倾听,随时补充,不重复;调换位置时安静、迅速、安全。

设计意图:开门见山,直接导入新课并提出要求,引导学生迅速进入班会状态。

(2)我爱我"家"。

开学组班至今月余,大家从陌生到熟悉,留下成长的足迹。教师回顾学生的成长足迹,点明初一四班给老师留下深刻印象,请出学生主持人。

学生主持人介绍同学们对班级的初印象。

学生通过说一说、画一画、三句半等形式表达对班级的良好印象。

朗诵原创诗歌:

新班赞歌

新校新班新学期,满怀期待建友谊,

同班同学互帮助,三十一人不舍离。

展示原创画:一名男同学身穿蓝色校服,上面有24中校徽,整洁干净,精神气十足。寓意同学来到24中,积极向上,开始自己的初中生活。

学生创作三句半:

各位同学大家好,初一四班来报道,同学个个都是宝——赐教!

初一四班是我家,幸福连着你我他,优秀班级靠大家——向上!

执勤班长了不得,管理拥有扣分权,学习小组持久化——真事儿!

四班精英属一流,能文能武啥都有,骨干栋梁聚此处——不吹牛!

课余活动特别好,逛馆逛园挖芋头,德智体美全发展——厉害!

班级事务很琐碎,您可别说无所谓,分分付出都珍贵——老师辛苦!

我们从来不乱干,只为一颗真心赞,创作累倒我你他——咱闪!

教师点评:教师用握手致谢的形式点评学生的精彩表现,引出学生致谢环节。

学生分享:学生走到朋友面前,两人互相握手致谢。格式:谢谢你,因为_____(事情)。谢谢你,我_____(听后感受)。

设计意图:学生在回顾中加深印象,营造班级友爱温馨的氛围;学生通过不同形式表现对新班级的热爱,营造我爱我"家"的氛围,体现情感目标。

学生听到感谢,收获感动,产生对新同学和新集体的认同感,增进感情,培养学生的感恩精神。

(3)我盼我"家"。

主持人:相处虽短暂,同学们互相致谢,感动满满,追梦路上我们并肩前行,相信三年后,你们就是我心目中的优秀学生,我们班成为我心中的理想班级。

头脑风暴:你理想中的班级是怎样的?用几个词或短语描绘一下。

个人写完,小组内交流,小组代表到台前分享。学生助手将分享内容分类,形成"我的理想班级"海报。

主持人:同学们心目中的理想班级涉及方方面面,令人向往且憧憬。家长们的想法是什么呢? 我们来听一听。

播放家长(2～3人)视频:心中的理想班级。

设计意图:搜集每个人的想法,让学生书写心目中的理想班级,憧憬美好未来,有利于下一步分组制定班级公约。家长参与班会活动,家校共育,意在提醒学生班级这个"家"的建设需多方合作,一起努力。

2. 环节二:共研"家"规

(1)进言献策。

主持人:我们都希望生活在一个班风正、学风浓、同学素养高的理想班级中。国有国法,家有家规,实现理想需要大家立足现实,一起制定班级公约。

圆桌会议:以小组为单位,制定班级公约。列表,表格左边一栏是班级公约,右边一栏是该项公约的具体要求。

教师提示:组内分工,圆桌会议要有召集人、发言人、计时员、记录员。班级公约用词应简洁明了。例如,按时上交作业,其对应的具体要求是在家完成后将作业装进书包,进班级即交。

设计意图:用圆桌会议形式,调动学生的积极性,帮助学生树立规则意识。分工明确,有利于有针对性地解决问题,培养了学生小组合作自主探究能力。

(2)共商大计。

分享展示:各小组展示制定的公约,交流,补充,点评,学生助手在空白 PPT 上直接进行汇总,最终达成共识,确定班级公约。

齐读公约:学生齐读班级公约,明确公约内容。

教师点拨:结合《青岛市中小学(幼儿园)学生"十个好习惯"》,鼓励学生遵守公约,培养良好的行为习惯。

设计意图:学生代表上台展示,学生助手利用打字快的特长在 PPT 上汇总整理,现场生成班级公约,既体现了学生多元化发展,也调动了学生的主动性和参与的积极性。齐读班级公约环节,让学生明确公约内容,利于学生执行,为下一步做出承诺酝酿感情。

3. 环节三:共筑成长

(1)我能做到。

对照公约,找不足,郑重承诺:我承诺,我能做到_____!

(2)畅想未来。

主持人:有公约,有决心,看行动!请同学们想一想怎样借助班级公约助力班级发展和个人成长。请结合具体活动写下来。

格式:未来,在_____活动中,我要_____。

设计意图:表明决心,情感升华,有利于班级建设,也体现了学生的核心素养。学生在激情之下设定未来短期目标,鼓励自己努力进取,为了实现短期目标而努力,从而形成班级凝聚力,打造理想班级。

(3)课堂结语:希望同学们从这里起航,争做有责任、有担当的新时代好少年,正如歌曲《少年》中所唱:"勇往直前,是我的选择"。期待梦想开花结果!

🌳 班会后延伸教育活动

我学习：学生书写感受，明确整改方向。

我践行：组成监督小组，及时总结反馈。

我进步：学生录制践行班级公约视频，实现家校共育。一周后采访家长和老师，请他们说说你的进步。

设计意图：体现主题班会教育的延展性。

👥 班会反思

本节课围绕主题——共研"家"规，共筑成长，设计了三个环节。首先通过照片回顾和互相致谢环节，营造"家"的温馨氛围，为后面憧憬理想班级奠定情感基础，提高学生制定班级公约的积极性。课堂重点是制定"家"规——班级公约，运用正面管教策略（这是我校的一大特色，平时课堂教学中运用效果较好），学生在小组内分工明确，通力合作，配合默契，现场制作出文图兼美的海报，倍感自豪，同时主动参与而乐于遵守公约。希望自此养成良好行为习惯，形成良好班风。最后共筑成长环节中，学生郑重承诺后引导其落脚在遵守公约，实现短期目标上，跟班会后教育延展活动一致。学生很感兴趣，信心百倍。另外，让各有特长的学生参与到一些环节中，例如，让打字速度快的学生担任助手，其在汇总后成就感满满，感染了其他同学，效果较好。

不足之处：因为课堂时长所限，个别环节的引导技术运用不到位。没有将写有理想班级内容的纸条发下去作为制定班级公约的参考，学生的理解不一定到位；汇总公约环节中，小组代表展示后，教师和同学点评较少，针对性不强；美化海报的学生没有机会得到赞扬。

在今后的主题班会中，还要结合学生的实际，优化教学步骤，引导学生深入思考；要保持基础年级主题班会的"活动育人"功能，促进学生形成良好的思想品德和行为习惯。

认识安全标志

背景分析

1. 学情分析

低年级的学生好奇心强,什么都想看一看、摸一摸,然而由于他们缺少生活经验和常识,不能很好地把握什么事情能做,什么事情不能做,遇到突发事件时不知如何处理,缺少自我保护的能力和技巧,因而在日常生活中常常发生一些意外损伤。

2. 主题解析

根据《中华人民共和国义务教育法》《中华人民共和国未成年人保护法》《国家突发公共事件总体应急预案》《中小学幼儿园安全管理办法》《教育系统突发公共事件应急预案》《中小学公共安全教育指导纲要》《中小学健康教育指导纲要》等的要求,要进一步加强中小学生生命安全教育,指导学生培养良好的安全行为习惯,掌握基本的自护自救方法,树立珍爱生命的意识。为保证学生的健康和安全,防止意外伤害的发生,除了对学生进行交通安全教育外,还要加强生活中其他安全方面的教育,基于此确定本次班会课的主题——"认识安全标志",通过"认识安全标志""了解安全标志的含义""自制安全标志"等活动环节,教给学生必要的安全知识,让他们知道一些突发事件的处理方法,提高安全意识,进一步培养学生的自我保护意识和能力。

班会目标

认知目标:认识常见的安全标志,了解不同标志的含义。

情感目标:懂得一些基本的安全知识,知道一些突发事件的处理方法。

行为目标:养成在日常生活中远离危险物品的习惯,初步培养自我保护意识和能力。

班会准备

学生准备:将关于安全标志的调查表带回家交给家长。家长带领孩子搜寻安全标志,并和孩子一起填表。

教师准备:准备安全标志图片、纸箱 2 个、设计标志用的纸和笔等材料。

班会过程

1. 环节一:认识安全标志

教师出示学生已熟知的人行横道线的交通安全标志,提问:这是什么标志?

学生回答问题。

教师讲述:关于交通安全一类的主要标志,同学们都能按这些标志去做。今天我们要认识另外一些安全标志,看看这些标志有哪些意思。

设计意图:本次班会从学生熟悉的知识导入,激发他们探求未知的欲望。

教师让学生拿出事先和家长一起填写的关于安全标志的调查表,请几个学生展示自己搜寻到的安全标志,说一说这个标志是在哪里看到的,并介绍这个标志的颜色、形状、图案及其所表示的意思,然后将表贴在演示板上。教师在学生表述的基础上,当予以改正和补充。

设计意图:借助调查表,提前了解安全标志的相关知识,为后面的学习打下基础。

2. 环节二:了解安全标志的含义

教师请学生观察演示板上不同的标志,提问:这些安全标志怎么形状、颜色都不一样呢？它们分别表示什么意思呢？

在学生讨论、回答问题的基础上，教师归纳：这些安全标志分三个种类，第一类是红色的圆形，中间有一条斜杠，底色是白色，这一类标志叫作"禁止标志"，含义是不准或制止人们的行为，如"禁止吸烟"；第二类是黑色的三角形，底色是黄色，这一类标志叫作"警告标志"，含义是使人们注意可能发生危险，如"当心火车"；第三类是绿色的正方形或长方形，底色是白色，这一类标志叫作"提示标志"，含义是适宜目标方向，如"安全通道"。

教师：下面我们来一起认识各类常见安全标志。

教师先后出示"禁止烟火""禁止逗留""禁止游泳""禁止触摸"安全标志，提问：这些是什么标志？它们分别表示什么含义？

在学生回答问题的基础上，教师小结：① 这是"禁止烟火"的标志，红圈、斜杠里面有一支燃烧的火柴，表示这里是容易着火的地方，不允许有一点儿火星，否则就会发生火灾。② 这是"禁止逗留"的标志，红圈、斜杠里面有一个站着的人，表示这里是危险地段，禁止在这里停留，否则会遭受危险。③ 这是"禁止游泳"的标志，红圈、斜杠里面有一个在水里游泳的人，表示这里水流湍急，或者没有安全设施，禁止在这里游泳，否则有溺水身亡的危险。④ 这是"禁止触摸"的标志，红圈、斜杠里面有一只手。手上面有一条短横线，表示这里有安全隐患，如果触摸可能发生危险。

教师先后出示"当心触电""当心伤手""当心滑跌""当心中毒"安全标志，提问：这些是什么标志？它们分别表示什么含义？

在学生讨论、回答问题的基础上，教师小结：① 这是"当心触电"的标志。黑色的三角形内有一个闪电图形，表示这里有电，请赶快离开，否则会发生触电事故。② 这是"当心伤手"的标志。黑色的三角形内有一只手，手上楔入了一根铁钉，表示请快离开，否则可能不小心被利器刺伤。③ 这是"当心滑跌"的标志，黑色的三角形内有一个人在斜坡上滑倒，表示路面不平或者路面光滑，路过要小心保持身体的平衡，否则容易滑跌受伤。④ 这是"当心中毒"的标志，黑色的三角形内有一个人的头骨,里面还有一个叉叉,表示这里有产生毒气、毒雾的药品,请赶快离开,否则有中毒的危险。

教师先后出示"安全通道""紧急出口""消防警铃"安全标志,提问:这些是什么标志? 它们分别表示什么含义?

在学生讨论、回答问题的基础上,教师小结:① 这是"安全通道"的标志,绿色的正方形或长方形中有一个人朝着箭头指引的方向行走,表示当遇到危险的时候走这一条通道比较安全。② 这是"紧急出口"的标志,绿色的正方形或长方形中有一个人正向门外跑去,表示当遇到紧急情况时,可以从这里迅速疏散撤离。③ 这是"消防警铃"的标志,绿色的正方形或长方形中有三个圆圈,圈内有一个铃铛,旁边还有一个指示箭头,表示这里有消防警铃,如果在大型商场或车站、机场遇到火灾可以按铃呼救。

设计意图:通过颜色和形状区分不同类别的安全标志,快速识记三类安全标志的含义,并且联系生活中不同标志可能出现的地方,加深印象,锻炼了学生的思维。

3. 环节三:自制标志,大显身手

教师:今天我们认识了许多安全标志,知道了这些安全标志说明什么,见到它们应该怎么办。但校园里还有很多同学不懂得要注意安全。下面请你们当一回"小小设计师",帮我们的校园设计一些安全标志,贴上去提醒大家注意安全。

教师可先让学生分组讨论:校园中哪些地方需要标志? 需要设计怎样的标志? 学生通过互相交流讨论,确定设计方案,然后由一名学生当"主管设计",其他学生帮着出主意,设计出一幅比较满意的校园安全标志。

设计意图:本环节为动手实践,强调"知行合一","行"是力量。引导学生从体验感悟落实到实际行动,通过设置情境和设计方案,更好地运用和传递安全知识,也让学生养成勇担责任、敢于挑战、自我超越的优良作风,为维护校园安全贡献自己的力量。

教师:温暖与美好充满了的校园。希望同学们在平日的生活中能够

多多留心,时刻注意安全,防患于未然,学会自我保护。最后,让我们一起聆听歌曲《向快乐出发》,感受这个世界的美好!

🌳 班会后延伸教育活动

教师组织学生进行"山洞掏宝"的游戏。教师事先将部分安全标志的卡片放入两个箱子里,然后将学生分成两组,让两组学生分别在两个箱子里摸安全标志卡片,拿出后说出标志的名称,遇到这个标志应该怎样做。

让学生把设计好的安全标志贴在校园里相应的地方,并向身边的人宣传这些安全标志,提示他们注意安全。

👥 班会反思

学生通过这节课可以感受到小小的安全标志里蕴含着丰富的知识,不仅认识了安全标志,还学会了自己设计安全标志,生活又多了一份安全保障。

有突发事件,我避险

📊 背景分析

由于存在对应急教育的认知偏差以及应急教育资源不足等,学校应急教育的形式较为单一,实施效果也不尽如人意。中小学生大多缺乏应对突发事件的能力和急救知识,加强对学生的应急教育已迫在眉睫。通过应急教育主题班会,学生知道发生校园意外伤害的主要原因,意识到防止意外伤害的重要性,从自身做起,遵守纪律,规范行为,提高警惕,让安全隐患从身边消失,让生活充满快乐。

学生通过学校、家庭和社会的安全教育,对于遇到突发事件时避险有一定的了解。小学中、高年级的学生已经具备了搜集、调查、整理资料的能力,能通过小组合作、讨论交流,获取有价值的信息。通过丰富的拓展资源和鲜活案例,学生真实地感受到安全的重要性,激发其主动提升识别危险的能力和应急避险的能力。

🎯 班会目标

认知目标:通过视频,学生了解地震、火灾等意外事件中必备的安全知识,懂得安全的重要性。

情感目标:通过案例,学生树立热爱生命、珍惜生命的意识。

行为目标:在模拟和实践中增强学生的安全意识和自我保护意识,学生掌握一些自救自护的本领,珍惜生命,健康成长。

📝 班会准备

学生准备:知道全国防灾减灾日,搜集避震等突发应急知识和措施。

教师准备:邀请消防员来讲解相关知识。根据所确定的活动目标和设计的活动环节准备相关 PPT、视频和歌曲。

🔺 班会过程

1. 感知平平安安,重视防灾减灾

播放视频,视频中的人互相羡慕,由羡慕别人的财富、地位到羡慕别人平平安安。

教师:平平安安是你拥有的世界上最珍贵的东西。人的生命只有一次,因此我们应该珍爱生命,让有限的生命更精彩。珍爱生命的前提就是保证安全,我们要防范意外伤害,学会应急处置。

设计意图:将抽象的平安、生命通过视频具象化,从感性入手,为更好地珍惜生命打下基础。

出示全国防灾减灾日图标。

教师:同学们知道这是什么标志吗?

学生讲解:以彩虹、伞、人为基本构图元素。其中,彩虹代表美好、未来和希望;伞是人们防雨的最常用工具,其弧形形象代表着保护、呵护之意;两人相握之手与下面的两个人的腿共同构成一个"众"字,寓意大家携手,众志成城,共同防灾减灾。整个标识体现出积极向上的思想和保障人民群众生命财产安全之意。

播放视频,讲解全国防灾减灾日的由来。

2023年5月12日是我国第15个全国防灾减灾日,5月6日至12日为防灾减灾宣传周。

设计意图:以全国防灾减灾日为切入点,使学生明白防灾减灾的重要性,激发其防灾减灾的决心,让学生主动寻求防灾减灾的办法。

2. 预设各种危险,强化应急处理

(1)应对地震。

教师:当地震发生时,如果我们正在教室上课,应该怎样避震?

学生进行模拟后,教师讲解规范。如果你在教室里,要在教师指挥下迅速抱头、闭眼、蹲到各自的课桌下。地震一停,迅速有秩序地撤离,撤离时千万不要拥挤。

学生进行正确模拟,然后思考:当地震发生时,如果我们在家里,选择什么位置避震最好?

预设:如果在室内,应就近躲到坚实的家具下,如写字台、结实的床、农村土炕的炕沿下,也可躲到墙角或管道多、整体性好的小跨度卫生间和厨房等处。注意不要躲到外墙窗下、电梯间,更不要跳楼,这些都是十分危险的。

播放视频:地震时的自救四大常识——大地震时不要急,人多先找藏身处,远离危险区,被埋要保存体力。

设计意图:以地震为例建立防灾减灾学习模式。学生在这种模式下,更好地学习其他灾难下的应急措施。

(2)应对火灾。

消防员亲自讲解应对火灾的注意事项:不贪财,赶快跑;当机立断,披上湿物,冲向安全出口;有浓烟,贴地面,用湿毛巾捂口鼻;身上着火,不要奔跑,就地打滚,压灭火苗;不坐电梯,不要跳楼,用床单绳索,走疏散楼梯;门已发烫,不要开门,湿物堵塞,泼水降温;被火封锁,退回室内,呼叫求救,等待救援。

学生进行模拟,之后学生小组讨论其他安全知识,利用多种形式进行展示交流,由消防员及其他同学点评。

(3)六个小组选择其他不同的安全项目,利用各种形式进行安全教育宣传。

第一组:交通安全。

学生通过讲解、做海报、演小品等形式进行展示交流:外出走路时要走路边的人行道,如果没有人行道,需要紧靠路边行走;横穿马路的时候要走人行横道、过街天桥或地下通道。不钻(跨越)交通隔离设施;遵守交通信号,红灯停,绿灯行,没有信号灯时一定要认真观察,确认安全再通过;不在道路上扒车、追车、强行拦车或抛物击车;不在马路上追逐、嬉戏、打闹、游戏,不要边走路边看书或者玩电话手表;晚上减少外出,走路要尽量穿戴浅颜色的衣帽,在有路灯的地方过马路。

第二组:防溺水及遇到溺水的应对。

学生通过讲解、做海报、演小品等形式进行展示交流:不能私自结伴去游泳,要去水域玩耍须由家长带领;不能去不知水情、地方很偏僻的小河、池塘里游泳。游泳前用水淋湿身体,活动身体,做好下水准备,预防抽筋;下水后不能嬉戏玩闹,在没有大人及安全措施的情况下不能比赛。

自己溺水时的救护方法:不要慌张,尽量放松全身,让身体漂浮在水面上,将头部浮出水面。发现周围有人时立即呼救,等待救援过程中用脚踢水,防止体力丧失。身体下沉时,可将手掌向下压。如果在水中突然抽筋,又无法靠岸,立即求救。如果周围无人,可深吸一口气潜入水中,伸直抽筋的那条腿,用手将脚趾向上扳,以解除抽筋。

发现有人溺水时的救护方法:如果发现有人溺水,小学生不能贸然下水营救,应立即大声呼救,或寻找救生圈、竹竿、木板等物,将其抛给溺水者,再将溺水者拖至岸边施救。

岸上为溺水者急救:首先要迅速清除口、鼻中的污泥、杂草及分泌物,保持呼吸道通畅,并拉出舌头,以避免堵塞呼吸道;如果有可能,使他俯卧在我们肩上,腹部紧贴我们肩部,头、脚下垂,以使呼吸道内的积水自然流出。但不要因为控水而耽误了进行心肺复苏的时间。

学生模拟心肺复苏,外加配合口对口人工呼吸等要领。

第三组:运动安全。

学生通过讲解、做海报、演小品等形式进行展示交流:上体育课和课外活动前要做好准备活动,运动时要遵照老师的要求,不剧烈碰撞,不违规运动。严防器械伤人。

第四组:用电安全。

学生通过讲解、做海报、演小品等形式进行展示交流:不乱动教室内的电源插座,不要用湿布擦电器开关。信息技术课上要按规定程序操作电脑。强化防火灾、防触电、防侵害意识。

第五组:食物中毒的应对。

学生通过讲解、做海报、演小品等形式进行展示交流:食物中毒通常是指用餐者吃了含有有毒物质或者变质的肉类、水产品、蔬菜等或化学物质后,感觉肠胃不舒服,出现恶心、呕吐、腹痛、腹泻等症状,共同进餐的人往往出现同一症状。出现食物中毒症状时,应及时催吐,不要自行乱服药物。当中毒者意识不清时,他人要帮助催吐,并立即将中毒者送往医院抢救。立即停止食用可疑食品,就地收集、封存,以备检验。要保护好现场,及时收集中毒者的呕吐物、粪便等,以备检验。消费者在餐饮单位就餐后发生疑似食物中毒的,应于第一时间向卫生监督机构报告,以免延误调查时机,给确定事件性质和原因带来困难,影响消费者依法向肇事单位索赔。

第六组:遇到暴雨或雷电。

学生通过讲解、做海报、演小品等形式进行展示交流:24 小时内雨量50～100 毫米为暴雨,24 小时内雨量 100～250 毫米为大暴雨,24 小时内雨量超过 250 毫米为特大暴雨。暴雨容易造成积水、洪涝,可能导致水浸、交通中断、山体滑坡等。发布暴雨红色预警信号时,幼儿园、中小学停课。关闭门、窗防雨水,室内进水时,应断开电源和燃气设施。疏散低洼地区的人员和物资。不要在流水中行走,避开地下通道或高架桥下等低洼处。连日暴雨,行人应避免停留在洼地或山体附近。在山体发现水流急促、混浊及夹杂泥沙时,应迅速离开溪涧或河道。

防雷电四原则:室内比室外安全,低处比高处安全,蹲下比站立安全,雷电来临时不要让自己太突出而成为"引雷针"。

设计意图:对于各种防灾减灾措施,学生在讨论中会有所感知,小组的讨论、补充将他们的视野和思路打开,更容易找到防灾减灾的重要方法。

3. 校园安全大讨论

案例一:某小学发生一起踩踏事故,造成 6 人死亡、26 人受伤,其中两人重伤。事故的原因是学生在下楼过程中跌倒,后续下楼的大量学生情况不明,继续向前拥挤,造成相互叠加挤压,导致学生严重伤亡。

案例二:某小学三年级学生李某午饭后来到学校教学楼三楼走廊上玩耍,他右脚跨在走廊栏杆上,不慎坠落至一楼,因头部严重受伤,经抢救无效死亡。

案例三:某校一名男同学在体育课的短跑练习中,由于动作不规范,被自己的脚绊倒在地上,右肩着地,造成右肩粉碎性骨折,要植入钢板固定骨头。

案例四:在一次某校升旗仪式上,一名学生突然昏倒,摔在水泥地上,脸被水泥地擦破,幸好急救及时,并无大碍。

案例五:在某校一节早读课前,一名女同学因与一名男同学发生口角,一怒之下,拿起圆珠笔往男同学的手臂插去,导致男同学的手臂受伤。

结合以上五个案例,谈谈你有什么启示?

预设:校园安全无小事。首先要切记安全对于我们的重要性,要从自身做起,树立安全意识,掌握安全措施。建设平安校园是你我的共同责任。生命是美好的,生活是多姿多彩的,而要拥有这一切的前提是安全。所以我们一定要时刻加强安全意识,努力增强自我防范能力,做到警钟长鸣。

设计意图:身边的、同龄人的例子,更能引发学生共鸣,更能在应急时发挥作用。

4. 班会总结

教师:生命像是一根丝线,一端系着昨天,一端系着明天。站在两端之间,我们才知道:因为生命,我们才会拥有今天。生活中总有一些突发事件,这些突发事件并不可怕,可怕的是没有自救互救的意识和解决问题的能力。衷心希望我们每一个人都加强安全意识,增强自我防范和应急处理能力。

设计意图:教师用总结巩固,将课堂气氛推向高处。学生在这种氛围下,将防灾减灾记于心、践于行。

班会后延伸教育活动

课后,继续延伸应急避险教育,让学生积极参与,设计自己专属的应急避险记录卡(与爱国记录卡格式一致),自己和家长参与评价,在班级进行展示。让学生根据该记录卡讲述自己应急避险的心得体会,营造人人重视应急避险的氛围,养成良好的习惯。

"应急避险小能手"推荐会:评选出班级"应急避险小能手",将应急避险的照片送上班级"应急避险展示墙",鼓励同学们提高应急避险意识。

班会反思

五至六年级是学生应急避险能力迅速提升的一个阶段,这时进行班会教育,意义重大。班会课将抽象的平安、生命通过视频具象化,从感性入手,让学生珍惜生命,以全国防灾减灾日为切入点,使学生明白防灾减灾的重要性,让学生主动寻求防灾减灾的办法。消防员对火灾应急的讲解既专业又给学生耳目一新的感觉,同时打开了学生其他应急的思路。在分组研究其他突发情况时,无论是组长还是组员都在融洽的气氛中调整自我,体现出了良好的协调能力。每组的分工合理,配合默契,形式活泼多样,有模拟表演的,有讲方法的,有分享案例的,起到了很好的宣传教育作用。消防员和同学们的点评增强了学生的消防意识。最后校园安全大讨论,将应急避险拉近到学生身边,凸显了班会的实用性。

美好校园生活,你我共同维护

背景分析

校园是学生成长、学习的场所,校园生活总会给学生留下美好的回忆。校园安全牵一发而动全身,校园安全事故一旦发生,就是血和泪的教训。任何时候校园安全都是学校工作的重中之重,维护校园安全,保障学生安全,是学校和社会的共同责任。中学生正处于青春期,生理和心理都在发生巨大的变化,他们是社会的未来和希望。因此,对他们的安全教育和管理显得尤为重要。

七年级的学生虽然已具备一些基本的校园安全知识,但大部分学生对安全事故抱有侥幸心理,认为事故不会发生在自己身边,少部分学生缺乏安全意识,不遵守安全规定,随意做出危险行为,这些行为都可能引发安全事故。初中班主任的一项重要任务是强化安全教育,引导学生珍爱生命,培养学生一定的应急避险能力,让他们掌握基本的自救、互救方法。

班会目标

认知目标:了解校园安全事故的分类,了解校园安全知识,熟悉校园安全事故中基本自救、互救方法。

情感目标:通过学习树立强烈的安全防范意识。

行为目标:主动发现、及时报告校园安全隐患,能初步处理和积极应对校园安全事故,掌握基本的自救、互救方法。

班会准备

教师准备:准备彩色卡纸、水彩笔、海报纸、号码牌、计分表、签名树、校园安全知识竞赛题目和奖状,收集整理校园安全处置方案。

学生准备:上网学习安全知识,了解相关应急预案及急救技能。

班会过程

1. 环节一:安全警钟需长鸣(4分钟)

导入视频:播放2022年10月29日韩国首尔梨泰院踩踏事件新闻视频。

教师:同学们,此时此刻你有什么想说的?

学生:太惨了!死了这么多人,太可怕了!这些人疯了吗?那么多人还往前走?官方没有预案吗?他们真的不能自救?逃不出来吗?政府不赶紧救人吗?在中国就不会发生这样的事……

教师:这些参加活动的人中有多少人会提前觉察到危险的来临?事故发生后被困的人该怎样做才能幸免于难?多少人能获救呢?我们身边就不会有这样的事情发生吗?接下来再看另外一段视频。

播放2014年12月31日上海外滩陈毅广场拥挤踩踏事件视频。

教师:现在大家又有什么不同的想法?

学生:原来有人的地方就会有安全问题。以后绝对不去凑热闹,看见人多就得离开。安全意识一刻都不能放松。我们要多学一些自救方法。要学习心肺复苏,紧急时能救人……

教师:同学们说得很对,安全事故是不能预知的,随时随地都可能发生,我们应该做到防患于未然。今天让我们一起学习如何避免安全事故的发生,怎样在安全事故中让自己安全。

出示课题:安全自护我能行——校园篇。

设计意图:播放真实的踩踏事故案例视频,创设情境让学生感受到安全事故发生的突然性和后果的严重性,通过对案例的讨论,引起学生对安全处处无小事的深思,利于下一步活动开展。

2. 环节二:校园安全你我行(27分钟)

活动一:校园隐患齐摸排(2分钟)。

教师:不同的地点会面临不同安全问题的挑战,同学们每天在学校的时间最多,那么请分组讨论,在校园里我们有可能会遇到哪些安全隐患?

活动步骤:① 各小组进行讨论,将不同的结果以关键词的形式写在彩色卡纸上,一张纸写一条。② 小组分享讨论结果,并将卡纸贴在黑板上,注意不重复。

校园安全隐患涉及多个方面,学生归纳的主要包括以下内容:踩踏、烫伤、火灾、网络欺凌、校园欺凌、地震、传染病、恐怖袭击、溺水、坠楼、食物中毒、课间打闹、上下学路上的安全、用电安全、运动安全、爆炸。

活动二:应急方案你我定(13分钟)。

教师:意外伤害风险可防可控。那么请大家针对这些安全隐患分组进行"校园××安全应急方案——学生版"的制订。

活动步骤:① 将讨论生成的校园安全问题进行归类,筛选确定6个最易发或学生最愿意讨论的安全主题,如消防、自然灾害、心理健康、防欺凌、上下学安全、班级突发安全问题。② 各组认领需要制订安全应急方案的主题,领取海报纸。③ 各组针对主题讨论后在海报上完成相关主题安全应急处置方案。

设计意图:针对以往真实的校园安全事故,分组进行情景模拟,让学生真正学会如何面对安全问题,正确应对安全问题,生成有效安全预案或应急处置办法。经过多次实验,学生感兴趣的安全主题是防欺凌、班级突发安全问题、心理健康等。根据各班班情,如果学生讨论意愿比较集中,可以在班级突发安全应急预案这个主题上安排2组展开讨论。学生通过头脑风暴的方式完成海报左侧的安全预案初稿。

活动三:应急方案大家定(12分钟)。

活动步骤:① 各小组组长留下,接待来访者,负责对本组方案进行介绍、答疑、修改、补充。② 其他人以小组为单位顺时针依次去其他组学习,对各组方案进行交流、修改、补充。③ 将整理完善的安全预案或应急处置办法贴到教室的墙壁上。

设计意图:学生通过大使式分享形式对其他组校园安全应急方案进行快速学习且集思广益,进行补充。本活动方式操作简单、省时且有效,将知识点模块化,学生能及时交换信息,快速理解并基本掌握知识,此方式能够培养对于现实问题和关键战略问题的集体洞察力。

3. 环节三:校园安全知多少(12分钟)

教师:刚才大家学习了很多校园安全应急预案,现在让我们检验一下学习效果,进行校园安全知识竞赛大比拼。

活动步骤:① 介绍知识竞赛规则,选1位主持人、1位计分员和老师一同计分,各组选3名学生参赛,其余学生不得在答题时给提示,否则一次扣3分。② 必答题每题2分,抢答题答对加3分,答错扣相应分数。③ 公布各组成绩,为获胜组颁奖。

以下是一些校园安全知识竞赛题目的摘录,可自行拓展。

必答题:

1. 在校园内发现火警,首先应该怎么做?

A. 立即拨打119报警。

B. 赶紧跑去找老师。

C. 自行用灭火器灭火。

2. 在上体育课时,下列哪项行为是不安全的?

A. 穿着合适的运动服装和鞋子。

B. 携带与体育课无关的物品,如别针、小刀。

C. 听从老师的指导和安排。

3. 在校园内行走时,以下哪种行为是正确的?

A. 随意穿越马路,不看交通信号。

B. 与同学打闹嬉戏,不顾周围环境。

C. 遵守交通规则,走人行道。

4. 当你发现同学在校期间突然生病或受伤,你应该怎么做?

A. 立即告诉他/她没关系,让他/她自己处理。

B. 立即报告给老师或学校医务人员。

C. 嘲笑他/她,认为他/她自己应该能处理。

5. 当你在校园内看到有人偷窃同学的东西时,你应该怎么做?

A. 立即上前制止并报告给老师或保安。

B. 装作没看见,认为这不是自己的问题。

C. 偷偷告诉被偷窃的同学,让他/她自己处理。

6. 如果在教室里发现有人晕倒,你应该怎么做?

A. 立即背着他去医院。

B. 立即拨打急救电话并等待救护。

C. 立即把他搬到教室外面。

7. 校园内发生地震时,以下哪种做法是正确的?

A. 尽快跑到室外。

B. 躲在桌子下面或者墙角等避难处。

C. 躲在电梯里。

8. 在阳光明媚的午后,你突然闻到一股烧焦的味道,并发现校园的一个角落正在冒烟。在这种紧急情况下,你应该:

A. 惊慌失措,不顾一切地逃跑,希望能够尽快远离火源。

B. 认为自己是个英雄,试图拿起附近的灭火器自行灭火,希望能为校园安全做出贡献。

C. 保持冷静,迅速判断火势大小,并立即报告给学校保安或拨打火警电话,确保火势得到及时控制。

9. 当你在校园中偶遇一群同学正在对一名同学进行言语或身体上的欺凌,你应该如何应对?

A. 感到害怕,不敢站出来为受害者提供帮助,选择默默离开,不告诉任何人。

B. 勇敢地站出来,寻求老师、家长或社会工作者的帮助,共同制止欺凌行为,保护受害者的权益。

| 131 |

C. 认为自己有能力解决问题,以牙还牙,用暴力手段回击欺凌者,试图让他们得到教训。

抢答题:

1. 请简述在校园内遇到突发事件时的应对措施。

2. 如果你在校园内看到有人打架斗殴,你应该怎么做?

3. 请列举出几个校园内常见的安全隐患,并提出相应的预防措施。

设计意图:以知识竞赛的方式检验学习质量,这些题目旨在测试学生对校园安全知识的了解和掌握情况,通过不同难度题目的设置起到巩固知识的作用,让学生将知识内化为技能,希望能够帮助他们提高安全意识,保护自己和他人的安全。

4. 环节四:珍爱生命在行动(2分钟)

教师:同学们,父母给予我们宝贵的生命,心中有牵挂,脚下才有行动。校园安全问题来不得半点儿马虎大意,今天我们都应形成一个共识:要像爱护我们自己的家一样,用心排除安全隐患;像牵挂我们的亲人一样,守护师生的生命安全,让校园成为最阳光、最安全的地方。请在安全承诺树上盖手印。集体宣誓:生命只有一次,安全从我做起。

设计意图:在安全承诺树上盖手印,督促学生要遵守约定,集体宣誓增加仪式感,为今后安全的校园生活奠定基础。

班会后延伸教育活动

中学生在校园之外可能遇到哪些安全问题?根据今天所学利用思维导图的方式对所了解的安全问题做尽可能全面的安全预案,下节课进行讨论。

设计意图:课后延伸活动是本节课的补充,着力让学生掌握更多安全知识,将安全意识融入学生的日常生活之中。

板书

板书内容:"美好校园生活,你我共同维护""校园安全隐患知多少"

以及"安全应急处置方案你我定"。

班会反思

班会以校内常出现的安全事故案例为抓手,同一节课上不同组认领不同主题,开展校园安全知识讨论学习,完成校园安全应急方案的制订。为了保证学习的全面性和准确性,在准备阶段,教师深入了解了许多关于校园安全的资料,包括常见的校园安全隐患、应对策略等,还与学校的安全管理人员进行了沟通,以确保教师所教授的内容与学校的要求相符。在班会过程中,教师采用了多媒体展示、头脑风暴等方法,以激发学生的学习兴趣。

然而,在实际的教学过程中,教师遇到了一些挑战。有些学生对校园安全问题缺乏足够的重视,他们在课堂上的参与度不高。由于时间有限,无法涵盖所有的安全知识,这可能导致学生在某些方面仍然存在盲点。针对这些问题,为了保证学习的全面性和准确性,以竞赛方式在课上进行知识巩固。

这次校园安全主题班会虽然存在一些不足,但是取得了一定的成果。教师相信通过不断的反思和改进,能够为学生提供更加优质的教学服务,帮助他们更好地了解校园安全知识,提高自我保护能力。教师希望学校能够给予更多的支持和帮助,共同为创造安全、和谐的校园环境而努力。

第五部分 职业生涯教育

传统教育中缺乏职业生涯发展意识培养的基本要求,使得许多青少年离开学校步入社会往往经历很长的不适应期。这暴露出了学生选择能力不足、缺少专长和兴趣、对专业认识模糊等问题,也彰显了基础教育阶段实施职业生涯教育的重要性。基础教育阶段职业生涯教育的实施与高等教育、职业教育阶段相比,起步不算晚,但发展比较慢,任务比较艰巨。所以我们在坚持"五育并举"、立德树人的同时,重视学生的职业生涯教育,分别从职业体验(职业探索)、梦想人生(生涯规划)方面设定具体教育目标,并将目标细化为小学低段、小学高段、初中段。

班会案例中,教师既尊重学生的年龄特点,又结合学生关注的热点人物或事件,引导学生从不同方面了解现在与未来的关系,树立积极的人生观,合理规划自己的未来。教师还能结合心理教育的相关方法,深入学生的内心,聆听他们的心声,从而更好地为学生从小确立人生目标而提供助力。本部分中,前三个活动主题为职业体验,后三个活动主题为梦想人生。

小象寻职记——职业初识

背景简析

小学阶段的职业生涯教育侧重于启蒙,主要通过观察、模仿、游戏、体验等活动形式,引导学生发现并了解自身的特点,形成基本的职业认知。本课基于绘本阅读开展职业生涯教育,通过探讨小象的寻职过程,引导学生初步了解相关职业的特点,体验和思考职业与自己的特点及能力间的关系,初步培养学生的职业意识。

小学低年级的学生对于未来懵懂无知,甚至没有职业意识和生涯规划。通过绘本引入职业生涯教育,借助资料和相关情境进行职业体验,会更有效地启发学生产生职业生涯规划意识。

班会目标

认知目标:通过阅读绘本和看图片,认识一些职业。

行为目标:通过对绘本中小象寻职的讨论,认识到职业的选择与个人的特点及能力相匹配,知道职业的选择是一个不断探索的过程。

情感目标:借助设定的情境,初步体验相关职业,探索职业的特点,尝试根据自己的特点畅想未来的职业,形成主动探索的意识,播下梦想的种子。

活动准备

教师准备:PPT、绘本故事、头饰、学习单。
学生准备:白纸、彩笔、职业展示材料(服装、道具等)。

![icon] **班会过程**

1. 环节一:职业猜一猜

规则:教师喊口令"1、2、3",学生原地踏步走起来。当教师说"木",学生两臂侧平举,举成"一"字;教师说"头",学生立即双手抱头;教师说"人",学生立即大声问:"什么人?"教师说职业的名字,学生根据教师所说的职业名称,做出自己认为能代表该职业的动作。

设计意图:游戏激趣,学生在游戏中初步接触职业,为后面的活动做准备。

2. 环节二:小象波波的职业探索之旅

(1)读绘本《小象消防员》前半段。

教师出示绘本内容,请学生轮流读绘本。

小动物们正竖着耳朵听花猫老师讲课:"我们的周围有很多人,从事着各种各样的职业,有老师、警察、清洁工、消防员、农夫、记者、邮递员等,很多很多,他们都很优秀。"

小象波波想:我要是有一份工作就好了。

波波看见正忙着扫树叶的长颈鹿清洁工,他走上前去,对长颈鹿说:"我来帮您吧。"他正想帮忙,突然鼻子痒痒的,"阿嚏",他打了个大喷嚏,把长颈鹿扫好的树叶全都吹飞了。他只好走开了。看来清洁工的工作不适合他。

波波看到田里播种的奶牛农夫,他走上前去说:"我来帮您吧。"他正想帮忙,不小心踩到了田里的蔬菜,他的脚太大了,把田里的蔬菜都踩烂了。他好像又没有帮上忙。看来农夫的工作也不适合他。

波波看见正在送包裹的袋鼠邮递员,他迎上前去说:"我来帮您吧。"他拿了一些包裹,走得摇摇晃晃的,结果包裹哗啦啦全掉了。波波想:我也不适合当邮递员。

这时候,他听到"抓小偷!抓小偷!"的声音。小偷从波波身边窜了过去,后面是正在追小偷的猎豹警察。波波急忙说:"我来帮您抓小偷吧。"波波拼命地追,跑得气喘吁吁,汗水滴滴答答地掉下来。可是,这时猎豹警察已经抓到了小偷。

波波很伤心,他想:我什么工作也做不好。

(2)回顾绘本,预测职业。波波分别碰到了哪些小伙伴?请学生根据绘本来演一演。

教师适时追问:小象波波认为自己什么也干不好。你觉得他能找到适合自己的工作吗?请你试着给波波预测一个适合他的职业。

(3)读绘本《小象消防员》后半段。教师出示绘本,邀请学生轮流读绘本。

这时,不知从哪儿传来了叫喊声:"着火了!着火了!"波波跑过去一看,原来是松鼠家着火了。波波使劲地吸水,然后用长长的鼻子喷出去,"唰——"大火被扑灭了。"谢谢你,真了不起!"大家都夸波波是好样的。

晚到的河马消防员对波波说:"以后和我一起工作好不好?"波波成为一名消防员,他拿起了《动物日报》,看到上面写着"昨日松鼠家着火,小象波波成为消防员"的报道,开心极了。

每个人都有自己的长处,只要善于发现,就一定能找到适合自己的工作。

(4)回顾绘本,小组讨论。

教师:谁预测了小象波波的职业是消防员?说说你当时这样想的原因。你认为小象波波只能做消防员吗?开动脑筋想一想,小象波波还可以从事什么职业?请在纸上画出。

学生分享画出的职业,介绍根据小象波波的哪些特点选择了这个职业,或者这个职业需要小象波波的哪些特点。

设计意图:这里采用的是朗读与观察图片结合的方式,可以灵活调整绘本的呈现方式。读绘本并交流激发学生的兴趣,增强学生对职业与个人特点关系的初步体验。绘画可以让学生对职业有更多的感知。

3. 环节三:我的寻职记——前传

教师:小象波波根据职业特点和自身的特点,找到了适合自己的职业。除了故事中的这些职业,你还知道哪些职业?

播放《疯狂动物城》中相关片段,学生说说视频中动物的职业。引出我国目前的职业种类和数量(用课件出示)。

教师:除此之外,你还知道哪些职业?试着给它们分分类。

小组根据组内讨论在学习单上完成职业分类。要求所写内容不跟视频中的相同,也不跟其他同学的重复。结合学习单交流所了解的职业。

教师引导:可以从社会需求方面考虑新兴职业,比如健康照护、宠物托管……

教师:你有没有像小象波波一样去尝试过一些职业?

教师出示小学生活的一些照片:这是大家入校以来的照片,照片记录了你参加过的一些活动、你的兴趣爱好及你的学习和生活。从第一张照片开始,你看到了什么?照片上面都有谁?照片上的你在做些什么?一张一张地往下看,你又看到了什么?如果现在你去应聘,你会怎样介绍自己的长处以便于获得期待的职业?

教师提示:小象波波有长鼻子,你有什么?你想要什么?

设计意图:在活动中让学生从自己出发,结合自己的经验,分析自己的特点,列举感兴趣的职业,体验职业选择。

4. 环节四:我的未来职业秀

教师:刚才我们根据自己的特点和职业特点,进行了职业探索。现在,就让我们来展示一下自己的职业秀吧。

学生根据自己选择的职业,利用准备的材料进行职业展示并准备好自己的职业介绍。

大型展示场:学生进行职业秀展示。其他同学猜测职业、评分。

设计意图:引导学生通过特长与职业相匹配的方式来探索自己未来的职业,鼓励学生课外了解更多的职业,形成主动探索的意识。引导学生学习小象波波的探索精神,认识自我,认识职业,明确职业与自己特点的关系。

班会后延伸教育活动

跟家人说说你所知道的职业,并告诉他们你的职业梦想及体验。

创设条件去体验多种职业,丰富自己的职业体验。

班会反思

通过小象波波的职业选择引发学生对职业的了解。通过职业扮演来丰富学生的职业体验,以便于更好地丰富学生的人生成长经历。在探讨和交流过程中,学生可以了解更多的职业特点和要求,知晓职业的选择是一个不断探索的过程,提高学习的积极性和动力。

大树小树猜猜看,职业世界多精彩

背景分析

职业生涯教育对学生有着重要的启发作用,可以帮助学生了解自己,确定目标和方向。

本次班会在前期(小学低段)对学生进行职业生涯启蒙教育的基础上,引领学生进一步了解自己所向往的职业,了解如何胜任某一职业,可作为小学生系列生涯教育课程的巩固。

小学阶段的学生因心智尚未成熟,对自己的了解还不够全面,不知道自己想要什么,更不清楚自己的目标,不知道自己为了什么而努力。

通过活动深化学生职业生涯教育,会有效地启发学生产生职业生涯规划意识。

班会目标

认知目标:学生了解在择业方面,自己的综合能力越高,可以选择的职业就越多。

情感目标:在学习课程后,学生能认识到目前需要认真学习,努力提升自己的综合能力。

行为目标:在活动中,学生探究如何才能胜任某一职业,初步探索自己向往的职业。

班会准备

教师准备:8只用于小组竞赛评分的可伸长脖子的"长颈鹿"及课程所需要的"大树"(贴在黑板上)、轻音乐、PPT、仿真树叶便利贴、"我的职业树"卡纸。

班会过程

1. 热身:大树小树做做看

教师讲明游戏的规则:"大树"表示大家要坐在自己的座位上不动。"小树"表示大家要快速起立。最先做错的3个同学将成为"幸运儿",要完成接下来的任务。

设计意图:这个活动可以很好地集中学生的精神,调动学生参与课堂活动的积极性,达到热身效果的同时,引出主题。

2. 竞猜:职业猜猜看

出示活动规则:"大树"的"树叶"上有编号,背后对应着一种职业。由"幸运儿"选取某一编号的"树叶",对相应的职业保密。电脑依次呈现所抽取职业的图片的一部分,各个小组竞猜,每出现图片的一部分,只能抢答一次。

教师宣布游戏规则后,学生竞猜。

图片分几次出现,分别出现关于职业的重要线索(例如,火对应消防员,听诊器对应医生)。活动进行三轮。

设计意图:竞猜环节可以进一步集中学生的注意力,让学生认识了一些常见的职业,为"我的职业树"环节做好了铺垫。

3. 我的职业树

教师:通过刚才的活动,大家一定发现我们猜的都是职业。刚才的活动中,我们了解到生活中一些常见的职业,而这棵特别的"树",就是属于我们自己的"职业树",让我们一起完成自己的职业树吧!

教师在黑板上出示"我的职业树"图片,放轻音乐。

活动规则:想一想,你希望将来从事的职业是什么?请填写在"我的职业树"卡纸上。根据"我的职业树"卡纸上的提示,认真完成指定内容。

填写提示:自我评估是指对自己目前在某方面的表现进行评分。影响程度是指该方面对自己将来胜任的影响。思考要胜任将来想从事的职业,还需要注意哪些方面,将其补充到"叶子"中。一颗星代表1分,如果自己评分为0分,则不需要给星涂色,如果自己评分为1分,则在对应的1颗星中涂上颜色,以此类推,评分为5分,则给5颗星涂色。

其他需要注意的方面

我想从事的职业_____

我的特点	自我评估	影响程度
学习成绩	☆☆☆☆☆	☆☆☆☆☆
兴趣爱好	☆☆☆☆☆	☆☆☆☆☆
特长	☆☆☆☆☆	☆☆☆☆☆
沟通能力	☆☆☆☆☆	☆☆☆☆☆
合作能力	☆☆☆☆☆	☆☆☆☆☆
表达能力	☆☆☆☆☆	☆☆☆☆☆
执行能力	☆☆☆☆☆	☆☆☆☆☆
创新能力	☆☆☆☆☆	☆☆☆☆☆
坚持能力	☆☆☆☆☆	☆☆☆☆☆
其他兴趣爱好:		

我的职业树

设计意图:"我的职业树"环节可以帮助学生探索自己感兴趣的职业,探索如何才能胜任该职业。

4. 分享与讨论

(1)分享:学生自愿分享"我的职业树"的内容。教师及时总结,为发言学生所在小组加分,所在小组的"长颈鹿"长高。

（2）讨论。

教师：刚才我们都认真探索了自己的"职业树"，也看到了许多方面对职业有影响，这对大家有什么启发呢？如果黑板上的"树叶"代表的是不同的职业，大家觉得"长颈鹿"可以代表什么？为了可以胜任自己想从事的职业，目前可以做的事情是什么？请各小组在5分钟内讨论这几个问题。

小组分享成果。教师适时总结。

教师小结：通过今天的活动与分享，想必同学们都有不少的收获，让我们将今天的收获记录下来吧。

设计意图：分享与讨论可以让学生了解在择业方面，自己的综合能力越高，可以选择的职业就越多，学生能认识到目前需要认真学习，努力提升自己的综合能力。

5. 课程回顾

教师：请我们每位同学在组内拿一片"树叶"，在"树叶"上写自己在本节课收获到了什么，并贴到黑板的"大树"上。

教师小结：现在来看看代表自己组的"长颈鹿"，通过大家的共同努力，各个组的"长颈鹿"都长高了很多，可以吃到更高处的"树叶"了。相信在今后生活中，通过我们的努力，我们也可以让自己"长高"，有更高的能力去选择自己喜欢的职业。

班会后延伸教育活动

搜索目前自己想从事的职业，了解这个职业的具体工作内容，了解该职业需要怎样的能力，进一步完善"我的职业树"的内容。

班会反思

此次班会活动是在小学低段班会活动的基础上的延伸与补充。小学生对于职业的了解毕竟相对单一，对自己喜欢职业的了解与向往也仅仅停留在表面。这个主题的班会既可以加深学生对职业的了解，又让职业愿望与自身条件、努力学习相关联,从而促进学生更好地成长。

我的人生我做主——学偶像,明志向,做规划

背景分析

本节课遵循《中小学德育工作指南》中的要求:在初中学段,要"开展认识自我""升学择业、人生规划以及适应社会生活等方面教育,引导学生增强调控心理、自主自助、应对挫折、适应环境的能力,培养学生健全的人格、积极的心态和良好的个性心理品质"。

在中国经济发展的过程中,职业的种类逐渐细化。学生职业生涯的规划受到历史人物、科学家、体育明星等的影响。很多学生将毛泽东、钟南山、苏炳添等人物当作偶像并且想成为他们那样的人,这是引导学生将自己的未来发展与国家需要相结合,为中华民族伟大复兴贡献力量的教育契机。

初三学生已经进入青春期,偶像崇拜现象较为普遍,有的学生将偶像头像挂饰别在笔袋和书包上,或在社交媒体中分享偶像的视频、文章,可以将此作为对学生职业价值观、人生观引导的切入点,学生易于接受。

本班为区优秀班集体,班级学习氛围好,成绩优异。中考迫近,家长容易焦虑,更多地关注孩子的学习成绩,容易忽视对孩子的人生选择教育和职业生涯教育。学生在日常学习中容易过于看重考试成绩,忽视学习过程中意志品质的重要性和确立更远大的目标。

班会目标

认知目标:班会通过对偶像问题的探讨,帮助学生理解伟人的伟大之处;通过偶像的成长历程,引导学生理解人生选择的意义。

情感目标:班会通过情景剧引导学生崇拜对国家和民族有贡献的

人,帮助学生树立正确的人生观;通过思辨,让学生认识到个人利益与国家、集体利益的关系,从而提高学生的担当意识。

行为目标:通过问卷调查,引导学生在学习上、职业生涯规划上将个人选择同国家需要结合起来。

班会准备

问卷调查:了解学生崇拜偶像的情况,方便后续进行分组和了解班会重点引导方向。

资料准备:学生分组查阅历史资料,阅读人物传记,观看相关视频,提前了解毛泽东、邓稼先、苏炳添的人生选择。

情景剧排练:在史实基础上,根据各小组编写的重现人物关键抉择瞬间的剧本进行情景剧排练。

提前与家长沟通,为课堂连线做准备。

班会过程

1. 环节一:秀出偶像

教师:同学们,今天班会的主题是"我的人生我做主——学偶像,明志向,做规划"。

课前做过"谁是你心目中的偶像?"问卷调查,问卷调查结果显示崇拜名人的学生比较多,学生将写着偶像名字的小星星粘到偶像所属类别的信封里。

设计意图:向学生展示全班同学偶像的调查结果,使他们明确班会后续介绍的人物是班级中大部分同学的偶像,通过提问引起话题,引出下一环节具体介绍这些人物的人生抉择。

2. 环节二:走近偶像

进行情景剧表演,走近最受同学们欢迎的三位偶像,感受他们在不同的时代背景下做出的人生抉择。

第一幕：少年毛泽东的选择。

时间：1910年初秋，地点：湖南韶山冲，人物：毛泽东，剧本编写者：毛泽东研究小组。

头脑风暴：四人小组谈感受，明确少年毛泽东与父亲产生分歧时思考问题的角度，在这个人生的分叉路上，他所选择的道路尽管是千难万险，却给中国带来深远影响。

第二幕：毕业的关键时刻。

时间：1935—1950年，地点：北平，人物：邓稼先，剧本编写者：邓稼先研究小组。

共享启迪：小组内分享对以下问题的思考。

（1）你怎样看待邓稼先博士毕业后选择回到成立时一穷二白的新中国？

（2）为了工作，邓稼先隐姓埋名，身患重病而早逝，你觉得他的一生是否值得？

第三幕：发声前的纠结。

时间：2021年，地点：东京，人物：苏炳添，剧本编写者：苏炳添研究小组。

辩证思考：看完情景剧，我们知道了苏炳添的选择，你如何看待的苏炳添这样冒险的选择？

设计意图：情景剧表演让学生更全面地了解这些人物的成长背景和为国家做的贡献，对他们产生崇拜感，为学习模仿奠定感情基础。除此之外，情景剧表演还能让学生了解在特定的时代背景下这些人物的人生抉择，促使学生深入思考，进行人生选择时，考虑的主要因素是什么。

3. 环节三：论偶像

从当时来看，他们在人生关键节点，都做出了一些看起来对他们个人发展不是最有益的选择，甚至还面临着诸多困难。那么认真思考以下问题。

小组讨论：他们的共性是什么？个人利益与国家利益、人民利益是冲突的吗？

得出结论:个人利益和国家利益、人民利益有时看似会冲突,但从长远看,个人利益和国家利益、人民利益是一致的。

设计意图:通过讨论,让学生设身处地去思考、理解偶像做出选择时所坚持的价值判断,从而引导学生在做人生关键选择的时候,能够从个人和国家的需要进行综合考虑,理解个人需要和国家需要并不冲突,而是统一的道理。

4. 环节四:铸偶像

教师:其实,偶像离我们并不遥远,我们只要心里有光,心向往光,那束光一定会照亮我们前进的路,成为我们心中永恒的太阳。下面,我们一起观赏视频《偶像的力量》,看看中国青年们在进行人生抉择时,是如何向偶像学习的。

学生观看视频《偶像的力量》。

走向心中偶像,可以怎么做?学生与一些家长(大学教授等)进行连线,听听他们的人生选择。

学生根据建议,绘制职业生涯树,和全班同学分享人生规划。

设计意图:通过观看视频,学生可以看到千千万万像他们一样的青少年,正在以这样积极向上的偶像们为榜样,无畏无惧去追逐自己的梦想,意识到自己离偶像并不遥远。学生与家长进行连线,听听他们当年是如何将个人选择与国家需要、社会需要结合在一起的,吸收他们的经验。学生绘制职业生涯树,可以明确自己的人生有无限的可能,在人生的关键节点,不同的选择可能会导致不同的人生。人生的路不止一条。不忘初心,方得始终。学生学习借鉴他人的方法,也可以学会尊重不同的人生选择。

课后拓展延伸

畅想未来的展示:个人完善对15年后的自己、30年后的自己的畅想,在班级公众号上进行展示。

完善职业生涯树,明确自己在面临职业生涯选择时的原则。

班会反思

本节课围绕"我的人生我做主"设计了四个环节,首先通过问卷调查环节,了解大家心目中的偶像。学生正处于初三备考阶段,即将面临第一次人生的重大抉择,但是很多学生缺乏榜样的力量,也不够了解什么是正确的人生选择。此环节具有十分重要的引导意义。

学生通过情景剧表演的方式,尽情地展示自我。在准备的过程中,他们通力协作,体现了经过三年的锻炼,具备了良好的综合素质。与家长连线的活动,给予了学生莫大的惊喜,学生在家校沟通的氛围中,确定了人生选择的原则。在绘制职业生涯树的过程中,无论是成绩是高还是低,学生都认真思考自己的人生选择和职业生涯规划,切实地实现了本节班会课的目标。班会后,学生对自己的职业生涯树进行补充,发现自己的人生有无限的可能,精神状态更好。在之后的文化课学习过程中,他们学习状态的提升明显。

不足之处:因为课堂时长所限,个别学生没有来得及展示自己的职业生涯树。对于某些关键的人生节点,他们也有茫然之处,希望得到老师、家长和同学的指点。

在今后的主题班会中,还要坚持细化、深化的原则,学生在学习过程中产生的疑惑,正是解开他们职业生涯规划难题的关键之处。班主任可以通过本次班会课,更好地了解学生的人生规划,更有针对性地提出可行的建议和指导。

实现理想,美好人生

背景分析

小学生的美好人生才刚开始。应引导他们从小树立远大的理想,为自己的未来绘制一幅理想蓝图,营造积极向上的学习氛围,从而产生努力学习的动力,由此认识到实现自己的理想必须靠不懈地努力奋斗。

🎯 班会目标

认知目标:鼓励学生畅谈理想,认识理想对每个人都很重要,引导学生树立远大理想。

情感目标:学生通过各种形式来展现美好理想,激发学习动力,为实现理想而努力奋斗。

行为目标:联系实际,让学生看到自身的不足,明白为实现理想应不怕苦、需努力奋斗的道理。

📑 班会准备

搜集一些名人先立志而后通过努力而实现理想的事迹资料。

配乐诗朗诵《理想是什么》。

🎖 班会过程

1. 环节一:班会导入

教师:同学们,你有理想吗? 我们今天的班会主题是"实现理想,美好人生"。理想是人的翅膀,有了它,人才能飞翔;理想是最温暖的光,即使最黑暗的时候,它也能把前方的路照亮。人们就是因为有了理想,才走向文明,也正是因为有了理想,社会才会飞速发展。今天我们就来谈一谈关于理想的问题,首先请听两位同学分享给大家的名人小故事。

设计意图:激发学生的兴趣,拓展自己的思路。

2. 环节二:名人小故事

分享一:莱特兄弟的飞翔之梦。

100多年前,一位穷苦的牧羊人带着两个幼小的儿子替别人放羊。有一天,他们赶着羊来到一个山坡上,一群大雁鸣叫着从他们头顶飞过，并很快消失在远方。牧羊人的小儿子问父亲："大雁要往哪里飞？"牧羊人说："它们要去一个温暖的地方，在那里安家，度过寒冷的冬天。"大儿子眨着眼睛羡慕地说："要是我也能像大雁那样飞起来就好了。"小儿子说："要是能做一只会飞的大雁该多好啊！"牧羊人沉默了一会儿，然后对两个儿子说："只要你们想，你们也能飞起来。"两个儿子试了试，都没能飞起来，他们用怀疑的眼神看着父亲，牧羊人说："让我飞给你们看。"于是他张开双臂，但也没能飞起来。可是，牧羊人肯定地说："我因为年纪大了才飞不起来，你们还小，只要不断努力，将来就一定能飞起来，去想去的地方。"两个儿子牢牢记住了父亲的话，并一直努力着，等他们长大——哥哥36岁，弟弟32岁时——他们果然飞起来了，因为他们发明了飞机。这两个人就是美国的莱特兄弟。

分享二：茅以升立志造桥。

茅以升是我国建造桥梁的专家。茅以升小时候，家住在南京。离他家不远有条河，叫秦淮河。每年端午节，秦淮河上都要举行龙船比赛。到了这一天，两岸人山人海。河面上的龙船都披红挂绿，船上、岸上锣鼓喧天，热闹的景象实在让人兴奋。茅以升跟所有的小伙伴一样，每年端午节还没到，就盼望着看龙船比赛了。可是有一年过端午节，茅以升病倒了。小伙伴们都去看龙船比赛，茅以升一个人躺在床上，只盼望小伙伴早点儿回来，把龙船比赛的情景说给他听。小伙伴们直到傍晚才回来。茅以升连忙坐起来，说："快给我讲讲，今天的场面有多热闹。"小伙伴们低着头，老半天才说出一句话来："秦淮河出事了！""出了什么事？"茅以升吃了一惊。"看热闹的人太多，把河上的那座桥压塌了，好多人掉进了河里！"听了这个不幸的消息，茅以升非常难过。他仿佛看到许多人纷纷落水，男的女的老的小的，景象凄惨极了。病好了，他一个人跑到秦淮河边，默默地看着断桥发呆。他想：我长大一定要做一个造桥的人，造的大桥结结实实，永远不会倒塌！从此以后，茅以升特别留心各式各样的桥，平的、拱的、木板的、石头的。出门的时候，不管碰上什么样的桥，他都要上下打量，仔细观察，回到家里就把看到的桥画下来。看书、看报的时候，遇到有关桥的资料，他都细心收集起来。

天长日久,他积累了很多造桥的知识。他勤奋学习,刻苦钻研,经过长期的努力,终于实现了自己的理想,成为一个建造桥梁的专家。

教师:同学们,理想是人奋斗的目标,是人生活的希望!人们为了自己美好的理想,不断努力,不停进取,才有了今天的美好生活。青少年是祖国的未来,肩负祖国的希望,所以需要从小树立远大的理想。

设计意图:引导学生从小树立远大的理想,并为此努力奋斗。

3. 环节三:谈谈我的理想

教师出示从事各种职业者的图片。

教师:同学们,你们有美好的理想吗? 大家的理想是什么呢?

教师进行现场采访,学生一一谈自己的梦想。有人说自己想当一位成功的企业家。有人说长大想当一名保卫祖国边疆的军人,报效祖国。有人说长大想成为人民警察,不让小偷偷东西等坏事发生,给人民安全的生活环境。

教师:刚才大家都谈了自己的理想,尽管各不相同,但大家都想为祖国的繁荣贡献一点力量。请记住你的理想,若干年后,我们验证大家的理想是否实现。谁能来说说,如何才能实现这些美好的理想?

设计意图:有了理想,如何才能实现理想? 才是这节课重要的落脚点,使学生意识到自己的理想很丰满、很远大,向着目标努力奋进才是逐步实现理想的途径,从而激发学生的进取心、内驱力。

4. 环节四:放飞理想

教师:大家的理想多彩多姿,有的同学的理想是那么崇高,下面老师把周恩来从小立志为中华之崛起而读书的案例分享给大家。

设计意图:为了给学生的理想上升一点高度,把周恩来志存高远的事例安排在此处分享,学生听得很认真,有的学生也准备了这一案例。

学生 1:我想当一名教师,为祖国培育人才,少年强则国强,有更多人才,祖国才会更加繁荣富强。

学生 2:我也想为振兴中华而读书,使祖国的科技水平处于世界前列,谁也不敢瞧不起中国。

教师:你们的理想有的是从自己的兴趣爱好出发的,有的想为祖国建设出力,都很好。理想随时代的不同而不同,随个人的不同而不同。有了理想,同学们的人生就会色彩斑斓。下面请两位同学分享他们产生如此崇高理想的原因、想法。

设计意图:采访两位立于国家层面、有大抱负的学生,听听他们的想法,也让他们给全班同学树立榜样。

教师:相信同学们在心中都已树立起崇高的理想,下面我们全班一起唱《我相信》这首歌。

学生齐唱《我相信》。

教师:的确,崇高的理想是一个人前进的动力。石墨要想转变成金刚石需要依靠高压和高温,而理想的实现需要坚定的意志、顽强的毅力和脚踏实地的努力。请同学们写下自己的理想,写完把卡片(果实状)贴到黑板上这棵理想大树上。

5. 环节五:活动小结

学生配乐诗朗诵《理想是什么》。

> 理想是石,敲出星星之火;
> 理想是火,点燃熄灭的灯;
> 理想是灯,照亮夜行的路;
> 理想是路,引你走到黎明。

教师:努力学习,打下坚实的基础,才能拥有美好的明天。千里之行,始于足下。成功是由一个个目标的不断实现而积累起来的。同学们,努力从今日始,坚持不懈,就能步步登上高峰,品尝最甜美的果实。

🌲 班会后延伸教育活动

实时思索自己的新理想,因为随年龄增长、阅历变化,理想还会有改变。将新理想分享给老师。

"培养从小树立远大理想"家庭活动方案如下。

(1)父母应时常跟孩子聊理想,多倾听孩子的心声,与孩子聊得多、互动得多,慢慢地孩子就有了目标,理想会越来越明确,越来越具体。

(2)父母认真观察孩子的喜好,因势利导,引导孩子树立相应的理想。例如,跑步过程中,鼓励孩子成为运动员为国争光;唱歌过程中鼓励孩子成为歌唱家。家长了解孩子的兴趣点在哪里,然后为孩子创造条件,让其发挥出自己的潜力。

(3)鼓励孩子多读名人传记,因为有很多值得学习的东西。总结名人成功的经验、失败的教训。此外,名人身上会有很多优秀的品质,孩子自然而然会受到熏陶。

(4)家长多带孩子体验生活,让孩子意识到实现理想需要脚踏实地、孜孜不倦。

班会反思

这节课令学生有所感悟、有所收获。虽然学生可能还确立不了自己的最终理想,但是时常思索长大后想成为什么样的人。本次活动像一盏路灯、一个指路标,为学生指明方向。跟之前相比,他们思索自己的理想更具体、更实际。课上出示的名人事例,能够起到充分的引领作用,这节课已在学生的内心播下了希望的种子,取得了较好的效果。

心怀梦想,量"励"而行

背景分析

梦想是对未来的一种期望,是努力想要实现的目标。追逐梦想,对学生的成长具有积极的促进作用。古语有云:"千里之行,始于足下。"光有梦想是不够的,不去行动,任何梦想都是空谈,任何梦想的实现都不是轻而易举的。

在全民共同追求梦想的时代,媒体过度宣扬成功人士的梦想,让许多人迷失自我。鉴于有的学生缺乏学习目标,缺乏行动力,热衷于玩乐等,有的家长过早给孩子设定教育梦想,却导致孩子不知道如何实现人生梦想,本次班会课旨在帮助学生插上梦想的双翼,引导他们直面追逐梦想过程中的困难,坚定信念,寻求方法,让他们在追逐梦想的道路上奋勇前行。

小学高年级的学生正处于青春期,他们很抵触老师做一些爱的教育等,所以必须采取有效且学生易接受的方式,让他们认识到梦想的重要性,心怀梦想,自我激励。

班会目标

认知目标:引导学生认识到梦想的重要性及意义;能够分享自己的梦想,明确实现梦想的方法;学会制订追梦计划。

情感目标:体会梦想与现实,明白实现梦想是一个长期的过程,也可能是失败的过程,激发学习动力,增强实现梦想的信心。

行为目标:通过多种形式分享自己的梦想,并学会运用多种方法去克服追逐梦想过程中的困难;尝试从多方面评估自己的梦想。

班会准备

教师准备:视频、课件、音乐、"我的梦想单",收集学生的偶像照片。
学生准备:"梦想计划书"、纸、笔,课前收集资料。

班会过程

1. 环节一:谈话导入,认识梦想

学生活动:观看有关梦想的视频。
教师引入课题:这节课让我们一起走进梦想。
教师出示课前收集到的学生的偶像照片,请学生分享一下:你的偶像是谁?他身上有什么品质或有什么特点呢?
设计意图:小学生的思维以形象思维为主,容易被形象、直观的图

片、活泼生动的语言和有趣的情境所吸引,所以以此引入主题,激发学生的兴趣;再引导学生结合自己的实际情况思考,初步感知梦想。

以谈话的方式引入,引导学生明白梦想的定义是什么,为学生畅谈梦想埋下伏笔。

2. 环节二:装载起航,畅谈梦想

教师:大家的这些偶像中,很多人从小立志,并为此而努力,最终实现了梦想。你有过梦想吗? 愿意晒晒自己的梦想吗?

出示课件:丑小鸭的梦想是成为天鹅,癞蛤蟆的梦想是吃上天鹅肉,袁隆平的梦想是禾下乘凉梦,老师的梦想是成为学生喜爱、家长认同的优秀教师,你们的梦想是……

学生交流。

课件上出示:"梦想还是要有的,万一实现了呢?"

教师:同学们,你们同意这句话的意思吗?

学生交流。

设计意图:谈话引入梦想,由学生熟悉的话语引出学生谈梦想的环节,可以激发学生对梦想的渴望。

3. 环节三:书写梦想,畅谈分享

教师:同学们,有时,为了时刻提醒自己、激励自己,我会把梦想写下来。你们也把自己现在最想实现的一个梦想写在老师下发的"我的梦想单"上吧。

"我的梦想单"内容:我的梦想;完成所需时间;预计会出现的困难;如果出现困难,自己是否会放弃梦想。

教师:老师给大家一个提示,写之前,请大家确定自己现在最想实现的一个梦想,用一句简短的话写明自己的这个梦想。

学生活动:学生在"我的梦想单"上书写自己的梦想。(播放音乐)

教师引导:梦想不分大小,每一个梦想都可以成为我们前行的动力。请你和同学分享一下自己的梦想单吧。

教师适时给予肯定及评价。

小结:有梦想,就要坚持!只有坚持、不放弃,才有可能实现自己的梦想。

设计意图:教师和学生一起晒梦想、畅谈梦想,更容易引起学生的共鸣。梦想单形式易于清清楚楚地展示学生的梦想,便于后续的评估。

4. 环节四:感受梦想,积蓄力量

(1)梦想评估。

教师:每一个梦想都值得尊重。现在是追梦的年代,各种媒体中出现了很多关于梦想的节目,同学们都知道哪些?

学生交流。

教师引导:这些关于梦想的节目都有什么共同特点呢?

学生回答,教师总结:梦想为主,有评委作评。引出"梦想评估"。

"梦想评估"的游戏规则如下。观察团组成:四人小组为一个观察团。观察对象:一位花跳的少年、一位地震中失去双腿想成为舞蹈家的姑娘。观察内容:一个人实现梦想需要什么条件。观察结果:观察团通过观察、讨论,总结必要条件的关键词,写在词卡上。

播放视频。

各观察团认真观看,细致梳理,合作提炼关键词。

预设:坚定、努力、勇气、机会、行动力、学习力、兴趣……

教师引导:请大家看看这些条件,讨论一下,缺少了某一个条件,梦想还会实现吗?

小结:要实现梦想,关键因素不可少。

设计意图:本环节通过小组合作观察、讨论别人实现梦想的案例,让学生了解梦想实现的必要条件,让学生发表看法,能正视自己的现实情况与梦想的差距,启迪学生追梦。

(2)开启追梦之旅。

教师:人人都有梦想,我们都是追梦人。其实,我们每个人都是不可复制的,我们的梦想实现的过程也是不可复制的。我们的追梦之旅可以说是不断"追逐—实现—追逐"的过程。

教师出示自己的逐梦之旅图。

教师引导:你们发现了什么?

学生表达自己的发现。

教师小结:刚才听到同学们又提到了几个关键词,梦想的实现还需要继续努力、改进方法、坚持下去。

设计意图:通过分享成功者追梦的案例,引导学生规划自己的梦想。让学生明白,只要敢于追梦,梦想终有实现的可能。分析案例让学生明白梦想可以通过分阶段来实现,梦想需要科学、合理地规划、改进与坚持。

5. 环节五:放飞梦想,励梦扬帆

(1)观看视频,感受坚持的力量。

教师引导:近期一部电影《热辣滚烫》火遍中国,该剧的女主角贾玲再次掀起了热议。她原本是一位喜剧演员,后参加电影表演,又自编自导并主演电影《你好,李焕英》,提名第34届中国电影金鸡奖最佳导演处女作奖。她也是一位追梦人。(播放视频)

(2)榜样引领,感受坚持的力量。

教师引入:不论是演员贾玲,还是之前《狂飙》中的演员张颂文,还是奥运冠军全红婵,在实现梦想的道路上,总会遇到各种各样的困难。现在让我们一起来看看全红婵是如何追逐梦想的。(播放视频)

学生活动:学生观看视频并体验上下跳。

(3)教师:想象一下,在你们的追梦路上会遇到怎样的困难? 你们想怎样去破解?

小组合作完成思维导图。

小结:追逐梦想,也许会困惑,也许会遇到种种困难与挫折,但只要我们合理规划、坚持不懈、付诸行动等,我们一定能离梦想越来越近。

设计意图:本部分通过追梦视频、冠军引领、小组交流的形式,让学生在互动交流、探讨中,习得追梦的方法。

(4)教师:同学们已经对实现自己的梦想有了想法,请你在"我的梦想单"反面尝试写写自己的"梦想计划书"吧。

学生写好"梦想计划书"。

教师：请你把这份"梦想计划书"折成飞机，让它带着你的梦想，飞向远方！同学们，星光不问赶路人，时光不负有心人。让我们插上梦想的翅膀，一起追梦前行。（播放歌曲《我的未来不是梦》）

师生活动：书写自己的梦想，放飞。

设计意图：通过书写"梦想计划书"、以纸飞机装载梦想放飞的方式，让学生在轻松的氛围中完成自己梦想的初步构思。

🌳 班会后延伸教育活动

将自己的梦想跟父母分享，请父母说几句鼓励的话。将"我的梦想单"放在自己选取的特定位置上，可以时时看到，以此作为鼓励，时时回顾调整，坚守努力向上的初心。

👥 班会反思

此次班会活动是针对小学高年级的一次心理历程的引导过程。面对当下社会多样环境对小学生的影响，此次班会对于正处在"学样"年纪的小学生而言非常重要。活动中引用时下知名人士的经历作为案例，更容易激发学生的感触。学生间的讨论交流能让学生从不同的同龄人身上学到很多。

我的未来我做主

📊 背景分析

《中小学德育工作指南》中指出要开展"学会学习""升学择业、人生规划以及适应社会生活等方面教育""培养学生健全的人格、积极的心态和良好的个性心理品质"。学校外来务工的新市民子女居多，许多家长对于孩子教育的关注不够,学生的学习韧劲和目标性不强,理想教育很有必要。临近中考,本班学生对于中考报名和成绩有一定的心理负担,部分成绩不理想的学生有畏难情绪。

"我的未来我做主"是理想教育系列班会主题之一。本次班会让学生吐露烦恼,解决心理、思想问题,引导其立足当下,在学习和班级建设等方面坚定信念,尽力而为,做最好的自己,做有理想、有担当之人。

班会目标

认知目标:班会通过回顾居家学习生活,让学生深刻认识到校园生活的美好。

情感目标:通过规划近期目标,克服畏难情绪,增强努力冲刺的信心。

行为目标:直面中考压力,寻找对策,立足当下,展望未来,做有理想、有担当之人。

班会准备

教师准备:从初一至初三班级活动的集体照、开学主题班会的照片、师生居家学习期间照片。

学生准备:回顾开学之初的目标实现度、居家学习期间的感受、中考愿望等。

班会过程

1. 环节一:围圈练习

要求:一分钟商讨时间过后,快速、安静、安全完成围圈。将桌子撤到不妨碍上课的地方整齐摆放。将小圆凳围成长椭圆形后就座。

设计意图:正面管教中的围圈,遵循和善而又坚定的原则,让大家围在一起,让每个人都可以被看见,拉近师生、生生之间的距离,有利于真情流露。计时训练有利于培养学生的团结和配合意识。要求安静、快速、安全,可以培养学生自律、自我克制、有集体主义感。商讨环节,有利于挖掘学生自身的资源,培养学生自主解决问题和合作协调的能力。

2. 环节二:回顾过去

教师:过去三周居家学习,你印象最深的事情是什么? 有什么感受?

(1)同学情:这次网课,同学们并没有懈怠;开着摄像头,看着同学们奋笔疾书认真的样子,就连平时上课走神的我也被这种氛围带动了起来,我也偷不得懒了。

早自习的时候有同学、老师陪伴一起晨读,晚自习的时候有同学陪伴写作业很美好,我也不拖延了。

有一次我下课后忘记了关麦,因为一件小事和妈妈吵了起来,结果同学们听到了全过程,不但没有嘲笑我,反而安慰我,让我不要和妈妈吵架,我很感动。

(2)亲情:一次我太累了,不想上课了,在房间里抱怨,妈妈不但没有批评我,反而抱住我亲了我一口,还开着视频呢,她都说没事,别人看不见,我觉得妈妈真的爱我。

我家的模式是 21 岁的幼稚哥哥和大冤妹妹,上课时哥哥老是来逗我,把我弄哭了以后又哄我,这也许是别人体会不到的乐趣。

我印象最深的是有一次父母因为记错时间提前做好了饭,却没有吃,一直等到我下课才吃,我很感动,谢谢他们。

(3)师生情:我感觉到了老师的温柔与耐心,最初我和初一时一样放飞自我了,不开摄像头上课,去睡觉或者吃东西了,也没有交作业,但是老师没有放弃我,没有向家长告状,而是直接和我 QQ 语音通话,跟我聊了好久,从那以后我决定认真听课。每当懈怠时,老师仿佛就在我的面前,用那温暖的目光注视着我,监督着我继续努力。老师说要做最好的自己,我一定努力!

帮老师收小组作业,感受到了老师的不易与辛苦。

给老师发送作业时,老师回复"收到",回答问题后老师说"谢谢你",让我感受到了平等与尊重,谢谢老师。

老师知道我的成绩不佳,很关注我,经常叫我回答问题,我很感动。

(4)印象深刻瞬间:老师印象最深的有同学交作业时"老师,您辛苦了"的一句话;有同学发的小区里的一枝红杏花照片……这些都成为生命中难忘而又印象深刻的瞬间。

好不容易盼到复课,结果因为清明节去过某街道,需要在家隔离一周,丁老师也隔离在家,只能在网上和同学们见面,很郁闷,但是老师也会提问我,关注我,我又很感动。

我的妈妈是"大白",经常早起准备为社区的人们做核酸检测,她很累,我很心疼她,我和家人都很自豪也支持妈妈的工作。MU5735飞机失事和医护人员离世,让我感慨:我们经历的今天就是有些人渴望的明天,窗外阳光明媚,一切才刚开始,每个人都应该努力奋斗!

设计意图:运用ORID,引导学生在互相感知、互相提问、互相交流中思考,发掘自我和他人的潜力,得到新的启发或体会,同样是居家学习,但学生关注的点各有不同,感受亦不同。每个人敞开心扉诉说,营造和谐放松的氛围,为后续环节畅所欲言做好了情感铺垫。

3. 环节三:立足当下

教师:如今,我们终于复课啦!重返校园学习,你的感受是什么?有什么打算?

用下面的格式跟左边的人分享一下:_____同学,我想对你说_____。

学生1:班长,我想对你说,网课期间隔着屏幕我感觉不到压力,再次回到学校,种种招生报考信息压得我喘不过气来。

学生2:小王,我想对你说,一进入学校,我感觉到了无形的压力,果不其然,老师讲课节奏更快了,休息时间更少了,不过我明白,对于一名初三学生,这是必须经历的,我会端正心态,全力去拼。

学生3:小刘,我想对你说,复课后数不清的卷子让我感觉到了紧张,希望一模考出好成绩。

学生3:小李,我想对你说,复课以后,我们又见面,同学们都面带笑容,我当时感觉很幸福,青春才几年,疫情占三年,所以我打算努力提高自己的理科成绩,考上理想的高中。

设计意图:此环节中学生谈复课一周的感受,跟同伴说出自己的焦虑和担心,让学生觉察到大家都有压力,可以一起面对压力,这样有利于情绪的宣泄,缓解中考压力。

4. 环节四:展望未来

(1)将自己的近期目标或远期目标写下来。

例如,近期目标:在第一次模拟统考中考得好成绩,过自主招生分数线。远期目标:考上理想的大学,无愧于现在的自己。

(2)走到好朋友面前,用以下格式分享你的美好愿望:_____同学,我的目标是_____,同时我也祝福你_____。

设计意图:有压力就有动力,学生结合之前制定的目标,重新审视自我,适当调整近期和远期目标,心中有梦想,脚下有行动,努力奋斗,一定能得偿所愿,从而让学生对第一次模拟统考充满信心,对未来充满信心。

5. 环节五:助力未来

分享祝福:教师将写有祝福的纸条送给学生,学生打开折叠的纸条,互相分享,谈感受,坚定信念。(播放歌曲《我的未来不是梦》)

高冷如你,未来定会文采斐然,前程似锦,为你加油!

哲,知也,企盼之下加以努力,定成哲学之人。

昊,天也,愿你拥宇般胸怀,有无垠之志,成未来之栋梁!

星佑于你,助力有我,祝福送你,加油,我的课代表!

祥瑞之栋梁,你能行,你定能,中考你会成为我的骄傲!

设计意图:教师根据每个学生的特点(尤其是优点),将名字融入一句话中,作为独一无二的祝福语送给学生,学生静静打开时或惊喜或感动,情感达到高潮,冲刺中考的信心十足。

班会后延伸教育活动

将自己制定的目标拿回家跟父母分享,请父母写几句鼓励的话。

将目标贴在墙上,以提醒、鼓励,时时调整,坚守努力向上的初心。

班会反思

对即将毕业的初三学生而言,做有理想、有担当的合格人才至关重要。基于此,本次的主题班会延续开学之初第一次主题班会的模式,仍然是正面管教和引导相结合的体验式班会,还是"回顾过去、立足当下、展望未来"几大板块,但是里面的问题设计有所调整,这主要是考虑学生即将参加第一次模拟统考,有焦虑的情绪。希望通过这次班会,让学生发扬上次畅所欲言、传递正能量的优点,互相汲取前进的力量,从容面对人生当中的重要一步。形式也有所改变,有每个人交流、两两交流、小组交流等,通过这样的方式给每个学生发挥的空间,缓解他们的压力,也极大地提高了学生的积极性和参与的兴趣。交流居家学习的感受时学生为主体,侃侃而谈,涉及同学情、亲情、师生情,暖在心头。请平时学习成绩不佳的学生来讲,他们一样情真意切,真诚有加,赢得阵阵掌声。学生静静打开老师送的祝福纸条,很惊喜、很开心、很感动,师生间的距离瞬间拉近。班会结束,一群学生悄悄地走上前,给老师一个深情的拥抱。

这节班会课存在主题不够深刻,教师点题不够到位等问题,但是,学生有所得最重要。如果学生能从中汲取精神力量,对学习尽力而为,就是有担当之人;脚踏实地做事,实现中考小目标,那么未来做对社会有用的人才定然不是一句口号!

家长篇

  家长进课堂,既是一种家庭教育的延伸,又是学校教育的补充。家长进课堂活动的开展,有助于拉近家长与学校的距离,增强双方的沟通,增加家长对学校的信任,使家长更加了解学校的教育理念和教育方法,为孩子提供更优质的教育资源。家长进课堂还能激发家长对孩子教育的热情,提高家庭教育的质量,使孩子在更加和谐、融洽的家庭环境中茁壮成长。这也符合《中小学德育工作指南》中"协同育人"的要求,有利于构建社会共育机制。

  那么,家长进课堂活动的具体做法是什么呢?

  首先,可以根据家长的专业特长和兴趣爱好,邀请他们来校授课。家长可以根据自己的实际情况,选择合适的课程内容,为孩子提供生动有趣的学习体验。

  其次,家长进课堂活动可以采取宣讲、讲座、研讨、观摩等形式,让家长与孩子共同探讨问题,共同进步。

  当然,家长进课堂活动需要注意一些事项。家长进课堂活动的课程内容要与学校的教育目标相符,避免出现冲突。时间安排要合理,确保不会影响到孩子的正常学习。此外,家长进课堂活动还要注意与孩子的沟通,尊重他们的意见和需求,使他们在愉快的氛围中成长。

  家长进课堂活动的持续开展,为我们搭建了家庭、学校、社会协同育人平台,实现社会资源共享,可为孩子的成长提供更多的支持和关爱,助力广大中小学生健康成长。

红色基因代代传

授课家长是海军某部助理工程师。

🎯 教学目标

让学生了解中国共产党成长的历程、战斗的历程,着力宣传中国共产党在中国革命和建设中的历史功绩,让学生真正领悟到没有共产党,就没有新中国,就没有中华民族伟大复兴。

📑 教学重点

价值体认:学生通过参与地雷战研学活动和其他爱国主义教育活动,获得有积极意义的价值体认,初步形成集体思想和爱国主义观念,为自己是中国人感到自豪。

责任担当:学生围绕地雷战和红色革命精神开展宣传活动,能发现身边的英雄人物和英雄事迹,具有积极向革命前辈学习的意愿。

解决问题:学生能在授课家长的指导下,结合学校和社会主流方向,发现并提出自己感兴趣的问题。能将这些问题转化为研究小课题,通过小组研学方式,提出自己的想法并找到解决问题的办法,形成对问题的解答。

创意物化:通过深入研究地雷战,自己动手制作手抄报,小组成员感受先烈们的革命斗争精神,激发爱国热情,进而把这种热情传染给学校的同学们,从而培养艰苦奋斗、勤劳勇敢、不怕困难的品质。

📝 教学准备

准备讲课 PPT、视频。

🔺 📚 **教学过程**

过程如下:制订计划,各小组进行分工;分不同时间段进行研究;查询资料;感受和宣扬红色精神。

1. 课堂讲述与验证

(1)授课家长带领组员汇总、分析、整理资料,将不同渠道获得的资料进行分类研究,并大致确定本次研究的主要方向。

(2)实地考察中共青岛党史纪念馆和海阳地雷战遗址。

历史背景:1940 年 2 月,日军从青岛侵入海阳行村,对附近村庄烧杀抢掠,无恶不作。海阳军民在党的领导下奋起抗敌,但是民兵的武器装备十分落后,在这种情况下,地雷的研制和大规模应用十分重要。

小组成员以"英雄集体令敌闻风丧胆"为题,制作了胶东地区地雷战情况梳理表格,一目了然。

地雷的种类:海阳的地雷战中所用地雷种类繁多,从踏雷、长藤雷、子母雷、连环雷、水雷、绊雷到让敌人臭得无可奈何的屎尿雷等十多种。

2. 问题与思考

同学们,你们了解什么是红色基因吗?我们对传承红色基因应该持怎样的态度?我们应该怎样做,才能让红色基因代代传?

3. 学习与探究方法

所用方法有文献调查法、问卷调查法、历史研究法、统计分析法。

4. 总结评价

红色研学,让学生懂得了红色基因就是一种革命精神的传承,红色象征光明,凝聚力量,引领未来。伟大的地雷战精神作为红色基因的一部分,是一代代人民英雄和爱国志士用鲜血和生命,为我们铺就的一条通往实现中国梦的道路。作为新时代的少先队员,我们要传承和发扬革命精神,顽强拼搏,奋发图强,让红色基因代代相传,永不褪色。为振兴中华而努力,为报效祖国而奋斗!

5. 拓展与创新

利用课余时间,学生制作关于地雷战的手抄报,在学校宣讲地雷战精神,并派发红色精神倡议书,进行地雷战精神汇报演出,宣扬红色精神。

实践资源

通过查阅资料、实地学习和采访,学生就地雷战相关问题,共同设计、完成问卷调查工作。

学生在湛山街道、学校里现场发放调查问卷,调查对象完成问卷后收回。

参考资料

[1]《"大抗战"知识读本》编写组."大抗战"知识读本[M].
北京:学习出版社,2015.

[2] 胡卓然. 你所不知道的抗日细节[M]. 北京:金城出版社,
2018.

[3] 中国中共党史人物研究会. 中共党史人物传 第50卷[M].
北京:中国人民大学出版社,2017.

[4] 张注洪. 中国抗日战争史论稿[M]. 北京:中共党史出版社,
2018.

[5] 刘金田. 中国的抗日战争[M]. 上海:上海人民出版社,2016.

传统文化——王哥庄大馒头

授课家长是青岛何记久香园食品贸易有限公司创始人。她用喷香微甜的馒头诠释匠心,凭不肯服输的劲头扎实前行,以品质至上的理念引领致富。2016年,成立青岛何记久香园食品贸易有限公司,并注册商标"久香园"。她多次参与各项与王哥庄大馒头相关的赛事,推广大馒头的特色文化,使王哥庄大馒头登上了世界舞台。她兼爱无私,传授手艺,带动居民致富,是名副其实的"崂山区巾帼创业能手"。

🎯 教学目标

初步了解王哥庄大馒头制作中的面塑艺术,感受我国民间丰富多彩的面塑艺术的特点。

📋 教学重难点

重点:了解面塑艺术,掌握面塑制作的基本方法,试着塑造一个自己喜欢的形象。

难点:揉、捏、剪、挑、压、粘、贴等技法的实际应用。在活动中锻炼学生的多种能力,培养学生的团结协作意识。

📑 教学准备

准备太空泥、牙签、面塑模具、小刀、白乳胶、擀面杖等。

⛏ 教学过程

1. 创设情景,导入新课

过大年了,宁真小学的同学们跟着"面塑阿姨"的脚步一起来体验一下崂山区冬季美食。

这种美食就是曾登上《舌尖上的中国》节目的已有500余年历史的王哥庄大馒头,它是有代表性的非物质文化遗产。

2. 开开心心过大年:了解制作大馒头的流程

学生观看小麦的生长过程视频,了解制作大馒头需要的原材料。

授课家长提问,你觉得大馒头的制作需要什么过程呢?

学生品尝大馒头。

3. 小组探究

为什么我们用面来塑造作品？感受一下面和太空泥有什么不同？

结合捏太空泥的经验,想一想可以用哪些手段来造型？

授课家长介绍几种不常见但实用的方法,如碾、压、剪、拧、捻,介绍用这些方法可以制作哪些特殊的装饰。

4. 制作工具

制作工具包括剪刀、梳子、牙签、镊子、盘子。

5. 制作方法

造型方面:揉、捏、搓、捻、拧、挤、掐、拉。

工具技法:挑、拨、按、粘、刮、滚。

色彩方面:调色、镶色、复色、并列色、对比色、调和色等多种技法。着色时注意色彩的搭配要美观。

6. 示范创作

授课家长创作一只学生熟悉的小动物,请学生观察它是怎样做出来的,注意每一个细节和制作方法。

学生用太空泥塑造一只小青蛙,用到揉、搓、捏等造型的制作方法。

7. 展示、分享,合影留念

学生相互欣赏同伴的作品。授课家长对学生给予表扬。

制作面塑作品

花样大馒头

8. 课堂延伸

由于时代、地域、风土人情等不同,我国的面塑艺术也呈现出各种各样的特色。学生成功创造出了面塑作品,珍藏了同伴的面塑作品。鼓励学生课后更多地关注这一古老的艺术奇葩。

传统文化——崂山剪纸

授课家长自幼跟随母亲学习剪纸,从小耳濡目染,加之有一定的美术功底,继承了母亲精湛的剪纸技艺,为崂山剪纸非物质文化遗产传承人,用一把剪刀剪出生动传神的大千世界,展示着崂山剪纸和传统文化的独特魅力。

🎯 教学目标

激发学生热爱崂山悠久历史和灿烂文化的思想感情,提高学生的审美情趣。

学生学会简单的剪纸技巧,并在此基础上互相协作、研究创新,从而培养动手操作能力、研究创新能力、语言表达能力和人际交往能力。

学生初步了解剪纸艺术的特点。

📑 教学重难点

重点:学生学会简单的剪纸技巧。

难点:学生理解和掌握不同剪纸方法,培养创造性地设计作品的能力。

📝 课前准备

准备剪刀、纸、课件。

▲▲ 教学过程

1. 谈话导入

授课家长：身为一个崂山人，谁夸一下崂山？

学生发言。

授课家长：同学们说了这么多，有一样给落下了，那就是崂山剪纸艺术。

同学们，剪纸是中国广为流传的民间艺术之一。一张普通的红纸，在民间艺人的剪刀之下，几经盘转，顷刻间就可以创造一个充满活力的剪纸世界。几千年来，它无时不在，无处不有，附丽于生活，充实了生活。剪纸以其独特的表现力，与人民生活结下了不解之缘。本节课我们将运用各种手段探究剪纸艺术，从中感受这门艺术的魅力。

崂山剪纸有关资料：崂山剪纸可以追溯到清代咸丰年间。崂山剪纸取材于崂山的民间故事、民间传说及民俗风情，对传统的剪纸技法进行大胆丰富和创新，风格明朗轻快、细腻古雅，反映了崂山人民朴素的道德观念、纯真的生活情趣和幽默感，深受广大人民群众的喜爱。崂山剪纸作品多次在国家、省、市比赛中获奖。崂山剪纸被列为青岛市崂山区首批非物质文化遗产。

2. 讲述不同纹样的特点

剪纸的装饰纹样是许多民间剪纸艺人在长期的剪纸实践中总结出来的，用于表现特定事物、美化事物。常用的剪纸装饰纹样有锯齿纹、月牙纹、鱼鳞纹、涡状纹、云纹等。通常在同一幅剪纸作品中会用上几种装饰纹样。

（1）锯齿纹：通常用来表现坚硬、刺状或绒毛之类的物体。

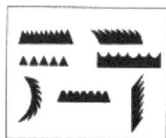

（2）月牙纹：通常用来表现比较柔软的事物、弯曲的线条,如衣纹、叶脉、水纹。

（3）鱼鳞纹：通常用来表现鱼鳞或类似的东西。

（4）涡状纹：通常用来表现动物皮毛上的漩涡,具有一定的装饰性。

（5）云纹：通常用来表现云彩或波浪等事物。

3. 小组探究

小组合作,讨论,根据不同纹样的特点可以怎样应用纹样,并尝试说出纹样搭配的规律。尝试用黑色的或红色的笔画出纹样,并尝试用剪刀进行剪裁。

4. 课堂延伸

用课件展示剪纸艺术大师的作品。

授课家长：这些剪纸作品充分体现了我们崂山当地特色，也能看出崂山出能工巧匠呢！

今天同学们能用剪纸方法中的不同纹样表现一幅作品，希望同学们今后能够学习更多的剪纸方法，美化、装饰我们的生活，把我们的民间艺术发扬光大。

海洋教育科普

授课家长是中国科学院海洋研究所特聘研究员，从事海洋环流与气候变化研究。

教学目标

认识海洋环流，了解风驱动是全球海洋环流的主要生成机制。

了解暖流和寒流的概念，理解其对地球气候的影响以及对渔场形成的重要贡献。

结合生活实践，思考研究海洋环流及其变化对人类社会的意义。

教学重难点

重点：让学生认识两条最大的西边界流——墨西哥湾流和黑潮，让学生能够从海流的流动方向上来区分寒流和暖流。

难点：让学生观察海洋环流的全球分布图，并能区分暖流与寒流；引导学生思考海洋环流给人类生活带来什么影响。

教学准备

搜集全球海洋环流的相关图片，搜集并整理人类历史上发现海洋环流的小故事，如本杰明·富兰克林与湾流的故事，制作寒流和暖流交汇处形成渔场的过程示意动画，搜集"小黄鸭和海洋环流"视频。

教学过程

1. 课程内容

以让学生观察地球和月球的不同为切入点,让学生认识到我们所居住的地球是一个非常独特的星球,几乎被海洋覆盖。海洋对人类的意义不言而喻,海洋占了全球 71% 的面积。

然而,这样浩瀚的海洋,不是死水一潭,而是充满了活力。海水无时无刻不在流动。海洋环流模拟的动画让学生认识到,各个大洋里那些像蚯蚓般的曲线,代表着海水流动的大致路线。它们首尾相接,循环不已,这就是大洋表层的环流,被形象地比喻为"海洋的血液"。

那么,海水是怎么运动的呢?提问互动让学生认识到风是海洋环流的主要动力。授课家长模拟了地球两大西边界流——墨西哥湾流和黑潮的产生机制,通过本杰明·富兰克林与湾流的故事,回顾了历史上人类发现海流并绘制出第一幅墨西哥湾流海图的事迹。

学生通过观察全球海洋环流分布图上不同方向的海流,认识到海洋环流有暖流和寒流之分。海流是地球表面热量的"空调",巨大的海流系统促进了地球高、低纬度地区的能量交换,海流改变了所流经区域的环境。授课家长通过举例子和图片展示的方式,介绍了暖流和寒流对流经区域的天气及气候影响。

动画演示让学生直观地认识到,暖流和寒流交汇区由于海水温度差异大,深海的营养物质上浮,浮游生物大量繁殖,为鱼类提供大量的饵料,形成了渔场。学生通过观察全球暖流和寒流的分布图,能独立识别世界三大渔场的位置。

授课家长通过提问互动的方式,总结了海洋环流在气候预测、选择船舶航线、处理海洋垃圾、海洋物质能量交换以及海上救援等方面有着重要意义。

最后,授课家长播放"小黄鸭和海洋环流"视频,总结回顾和串讲了本节课有关海洋环流的知识点。

展示形式多样化,激发学生的兴趣。① 对比观察法:通过对比地球和月球的特点,引入海洋环流的主题。② 播放海洋环流模拟动画:展示真实海洋环流场景。③ 本杰明·富兰克林与湾流的故事:介绍人类历史上发现海流的事迹。④ 让学生当"小小海洋学家",上讲台来区分寒流与暖流、标出世界渔场位置。⑤ 提问互动,让学生思考如何在生活、生产中利用海洋环流。⑥ 观看"小黄鸭和海洋环流"视频,总结本节课知识点。

开动脑筋,培养科学思维。① 相比于月球,为什么地球拥有适宜生存的气候系统?② 海水是怎么运动的?③ 怎么区分暖流和寒流?④ 你能根据寒流、暖流的分布,找出世界渔场的位置吗?⑤ 认识和研究海洋环流,对人类生活生产有何帮助?

本课程的科学知识点设计与生活紧密结合,这包括:① 富兰克林通过海运信件的收发时间不同,猜测是海流的影响导致船速不同;② 寒流与暖流对流经区域气候的调节:纬度相近的两个城市气候显著不同(例如,中国漠河与美国西雅图,一个一年中大部分时间冰天雪地,一个拥有温带雨林);③ 从翻船现场漂流到世界各地的小黄鸭,验证了海洋环流的存在。科学源于生活,引导学生对日常生活中现象的观察和思考,有助于培养学生发现问题、思考问题和解决问题的能力。

2. 总结评价

本次课程介绍了地球上海洋环流的生成原因、分类以及其对全球气候、渔场分布的影响等知识,通过提问互动环节调动了学生参与课堂学习的积极性,结合科普故事和视频激发了学生对于探索海洋奥妙的浓厚兴趣。

3. 拓展与创新

利用课余时间查阅资料,思考海洋环流还在哪些方面影响人类的生活、生产?除了风驱动了海水的流动,还有哪些过程能够引起海水的流动?

实践资源

如何测量海流?"科学号"海洋科考船由中国科学院海洋研究所订

造,具有全球航行能力及全天候观测能力,是中国国内综合性能最先进的科考船,也被誉为"海上移动实验室"。通过参观"科学号"海洋科考船以及海洋仪器库,可以了解单点海流计、声学多普勒流速剖面仪、流速仪、流量计等仪器如何测量海洋流速、流向等水文数据。

蓝色卫士

授课家长为中国人民解放军海军某潜艇支队正团职艇长,有着丰富的潜艇部队工作经历,多次执行重大任务,对海洋知识、海军发展、周边海上情况有着深入的了解。

教学目标

让学生对海洋以及中国海洋领土有基本认识,同时简单介绍中国海军的基本情况。

教学重难点

重点:中国海洋领土的概念。

难点:让学生了解海洋领土的概念,让学生清楚目前周边海上复杂的形势。

教学准备

准备课件与视频。

教学过程

1. 创设情景,导入课题

授课家长:首先,我们来看一段动画片。

授课家长播放动画片。

授课家长:这部动画片叫什么名字啊? (海底总动员)

这个故事发生在哪里? (海洋里)

海洋里面有什么呢?

简单介绍海洋相关知识,并引出我国的海洋领土。

授课家长:海洋里有鱼。海洋为我们提供了 85% 左右的水产品。海洋蕴含着丰富的药用资源,如乌贼、海参、海鞘。海洋里有矿。海水中有丰富的化学资源。海底还有丰富的油气资源。海洋石油资源量占世界石油资源总量的 34%。海洋还有丰富的绿色能源。风能、潮汐能等正在被开发利用。海水经过淡化,可以为我们提供饮用水。海洋有无数的航道。海运,承担了 2/3 以上的国际贸易运量。海洋里还有美不胜收的景色。我们青岛就是一座滨海旅游城市。

总而言之,海洋里有丰富的资源。21 世纪是海洋的世纪。这是不可避免的世纪潮流,我们必须跟上这个潮流。海洋问题对中国的影响将是长期的、全方位的和深层次的。海洋问题表面上是对渔业、油气开发、海上通道等方面的争夺,实际上是国家经济、科技和军事等综合实力的比拼,更是 21 世纪新一轮国家战略竞争的直接表现。为了确保我国在将来的国际竞争中占有绝对的优势,我们要爱护海洋、保护海洋,更要保障我们的海洋权益。

2. 问题与思考

(1)授课家长:谁能告诉我,中国有几个海,我们的海有多大呢?

学生回答。

授课家长:我国有渤海、黄海、东海和南海,现在我们看到的就是中国地图。我们有 960 万平方千米的土地,幅员辽阔、物产丰富。5000 多年的历史,就发生在这片大陆上。我们有着历史悠久的农耕文明,我们的文化传统、思维方式和生活习惯都是大陆性的,有重陆轻海的传统。随着国家的发展,海洋意识逐渐觉醒。我们认识到,我国不光有 960 万平方千米的土地,还有 473 万平方千米的海域。

早在 2000 多年前的秦汉时期,中国人就远航到现在的中国南海区域,并且发现了南海诸岛,中国是第一个发现、命名、探索和开发南海诸岛及附近水域的国家,也是第一个对南海诸岛及附近水域拥有持续有效主权及管辖权的国家。

根据统计,南沙群岛共有 230 多个岛屿、沙洲和礁滩,其中 11 个岛屿、5 个沙洲、20 个礁是露出水面的。现在,部分岛礁被马来西亚等国非法侵占。

(2)授课家长:我们数数中国驻守的岛礁有多少?

有渚碧礁、南薰礁、永暑礁、赤瓜礁、东门礁、华阳礁、美济礁和太平岛。南沙群岛中面积最大的自然岛屿太平岛现在是由中国台湾军队驻守。

3. 学习与探究

授课家长:我国与一些国家存在海洋争端,例如,我国与日本在东海的争端主要是专属经济区界线划分之争。面对海洋争端,我们必须有强大的军事力量来守卫我们的海洋领土。

20 世纪 80 年代,海军战士就是在这样的高脚楼里默默守卫着我们的海洋。

为了改善驻岛官兵的生活条件,在南海进行填海造岛。通过填海,永暑礁现在已经彻底变成永暑岛了。此外还有其他新填海岛屿。通过填海造岛不仅改善了驻岛官兵的生活,还建设了足以起降所有类型飞机的跑道、可以发展成海军基地的大型港口,从而使得南海守备力量发生了质的飞跃。这也是我国海军近年来发展的一个缩影。

新型核潜艇列入现役并带弹巡航,使中国具备二次核打击能力。辽宁号航空母舰正式服役,舰载机多批次、多机种组训成体系展开,编队作战力量成形,作战能力逐渐显现。新型驱逐舰、护卫舰纷纷下海。

4. 总结评价

授课家长:为了维护我国的海洋权益,一支强大的海军必不可少。随着中国经济日益发展,对海洋资源、能源、空间的依赖程度大幅度提高,对海洋运输通道安全的要求注定也会越来越高。打造远海型海军就成了必然选择。海军的战略转型也成了重中之重。随着国产航空母舰、大型远洋补给舰等大型舰艇的建造,中国海军将实现加速转型,向远洋海军大步迈进。我作为一名海军军人,也在保卫着祖国的大海,保护着祖国的海洋领土不被侵犯。要我说,我们的大海虽大,但是一点儿都不能少。

5. 拓展

学生观看海防宣传片。

授课家长:世间需要奇伟的男儿,如同大地需要拔地而起的群峰。小朋友们,你们是祖国的未来,祖国需要你们,军队也需要你们,所以你们要好好学习,练就一身本领,为祖国的海防建功立业。

飞行原理及常识

授课家长是山东航空公司青岛分公司飞行二大队的一名机长教员,其工作职责是确保每次飞行安全顺利,为每一名旅客提供安全、舒适的旅途体验。平时他还有一些训练任务,包括带飞新学员、模拟机训练、本场训练等。飞行是他的职责也是他所热爱的事业。

🎯 教学目标

让学生对飞行有理性认识,培养学生的航空兴趣。

📑 教学重难点

重点:飞行原理。

难点:感性认识与理性认识相结合,对航空产生兴趣,产生浓厚的学习欲望。

教学准备

准备课件与视频。

教学过程

1. 创设情景,导入新课

授课家长:各位同学好,你们都坐过飞机吧? 坐过什么样的飞机呢? 你们知道飞机是怎么飞起来的吗?

2. 问题与思考

授课家长:在回答上面的问题之前,我们思考另一个问题,几千年前人们对这个问题就有了思考,那就是鸟类是怎么飞起来的? 鸟的身体外面是轻而温暖的羽毛。羽毛不仅具有保温作用,还使鸟的外形呈流线型,在空气中运动时受到的阻力最小,有利于飞翔。鸟扇动翅膀时,产生向上的升力。鸟类骨骼坚薄而轻,长骨内充有空气。鸟类骨骼这些独特的结构,减轻了重量,加强了支持飞翔的能力。

设计意图:了解飞机设计的来源——仿生学。

3. 学习与探究

(1)授课家长:飞机是怎么飞起来的呢? 飞机是不是有大大的翅膀呀?

机翼是飞机的重要部件之一,它就好比鸟的翅膀,飞机能在天上飞靠的就是机翼产生的升力。不过除了提供飞机升力,机翼其实还有许多辅助功能,比如悬挂发动机、存储燃油、控制飞机水平翻转、减速。因此,在机翼上有很多特别设计的"机关",也许经常坐飞机的同学会注意到,但是不一定说得出这些机关的名字和具体作用。

我们把机翼横截面的形状称为翼型,翼型上下表面形状是不对称的,顶部弯曲,而底部相对较平。当飞机发动机推动飞机向前运动时,机翼在空气中穿过,将气流分隔开来。一部分空气从机翼上方流过,另一部分空气从机翼下方流过。日常的生活经验告诉我们,当水流以一个相对稳定的流量流过河床时,在河面较宽的地方流速慢,在河面较窄的地方流速快。其实科学家们经过无数的实验,早有定论。

一个是等时间论:当气流经过机翼上表面和下表面时,由于上表面路程比下表面长,气流要在相同时间内通过上、下表面,上表面流速比下表面大。另一个是伯努利定理:理想流体沿流管做定常流动时,流动速度增加,流体的静压将减小;反之,流动速度减小,流体的静压将增加。

但是流体的静压和动压之和(称为总压)始终保持不变,从而产生压力差,形成升力。

(2)授课家长:坐飞机的时候经常会遇到颠簸,望着窗外上下摆动的机翼,一些乘客担忧起来了:这翅膀上下晃得,是不是快要断了?

机翼除了提供升力之外,还必须承重。飞机在天上飞的时候,整个机身的重量几乎都是由机翼给"托"着的。飞机在地面上的时候,机翼还得悬臂"举"着重重的发动机,像A380、747这样的巨无霸飞机,单片机翼还得悬臂"举"起两个发动机,因此,机翼必须足够坚固。

(3)授课家长:飞机是怎么飞上天空的呢?

飞机上另一个非常重要的部件就是它的"心脏"——发动机。航空发动机提供推力,使飞机在滑行时产生初速度。

当飞机滑行到一定速度时,这个升力就达到了足以使飞机飞起来的力量。于是,飞机就飞上了天。

设计意图:让学生真正了解飞行原理,认识科学技术的重要性。

4. 总结评价

授课家长:科技源于大自然,源于劳动和实践的积累。同学们还知道哪些是根据仿生学制作的?

学生回答。

设计意图:鼓励学生努力学习科学文化,勇于实践探索。

5. 拓展与创新

了解导弹与宇宙飞船。

设计意图:科技的发展、进步,推动人类实现一个个远大的理想和目标。

国防小达人

授课家长目前于投资公司任职,曾在大学任教,后开发家校共育平台及教育局管理平台。

🎯 教学目标

学生了解中国航空航天的发展史。
学生了解火箭的结构和升入太空的过程。
学生了解简单的速度知识、动力知识。
学生尝试自己制作一个简易火箭。

📱 教学重难点

低龄儿童的理解能力有限。
操场放飞实验,小组的协调及管理有难度。
课后实验,家长的辅助对学生实验成功率的影响很大。

📑 教学准备

准备干冰、气球、空塑料瓶、打气筒驱动的水火箭发射器、课件,课前以小组为单位下发水火箭材料包,由组长完成制作,同组成员进行美化,准备课后每人一份的水火箭材料。

🎖 教学过程

1. 课程内容

授课家长通过课件,讲解关于速度的知识;讲解中国火箭的发展;讲解火箭的构造和升空的过程;通过干冰实验,让学生了解动力;到操场,放飞提前制作好的水火箭,进一步加深学生对动力的了解;收集课后实验结果,再次分析原理,引出思考。

2. 问题与思考

授课家长提出一个问题:除了水火箭发射,你还能想到什么问题?

学生思考以下问题:

(1)不同的物体,产生动力的方法是否一样?

(2)水火箭升空,我们能不能通过一些方法来控制它的高度?

(3)在家制作水火箭时,动力的来源是什么?

课堂预设:针对小组无法完成水火箭,或者忘带水火箭的情况,提前准备备用道具。针对学生可以完整回答各个火箭的用途提前准备奖励。干冰实验所产生的水烟雾会在整个教室蔓延,提前对学生讲解。

3. 总结评价

家长进课堂的活动是一项创新的教育实践,鼓励家长参与到孩子的教育过程中,增进家长、学生和教师之间的交流与理解。

活动目的明确:家长进课堂的活动旨在加强家校合作,让家长更深入地了解孩子在学校的学习和生活状态,同时也为家长提供了一个直接参与孩子教育的机会。

活动互动性强:这种活动形式为家长、学生和教师之间提供了互动的平台。家长可以亲自体验孩子的学习环境,了解教师的教学方法和风格,也可以与孩子一起参与课堂活动,增进亲子关系。

课程内容多样:家长进课堂的活动内容通常丰富多样,包括课堂教学、主题讲座、实践活动等形式,满足不同家长的需求和兴趣。

增强家校沟通:通过家长进课堂的活动,家长能够更直接地了解孩子在学校的学习情况,与教师进行面对面的沟通,有助于解决一些教育问题和孩子成长中遇到的问题。

促进孩子学习:家长的参与可以增强孩子的学习动力,让他们感受到家长的支持和关注,从而提高学习效果。

增进亲子关系:家长和孩子一起参与课堂活动,可以增进亲子之间的情感交流,促进家庭和谐。

4. 拓展与创新

以实验为驱动,调动学生对于已知和未知领域的思考,在自己动手操作的过程中体会何为探索精神,通过失败的实验,学习分析,通过成功的实验,增强信心,交流经验,总结心得,从而培养学生独立发现问题,独立思考的能力。

🗂 实践资源

公众号链接:https://mp.weixin.qq.com/s/7-0gh2VByVNN55psnu0dpA

学生成功发射"火箭"

中国建筑之旅

授课家长是青岛理工大学建筑与城乡规划学院教师,博士生导师,研究方向为建筑设计、建筑遗产保护。

⊙ 教学目标

知识目标:学生了解建筑的基本概念和相关知识,包括建筑物的材料、结构、类型、风格、功能等。

能力目标:学生通过观察、分析和实践等,自主探究建筑物的特点和规律,培养观察能力、思维能力和实践能力。

情感目标:学生感受到建筑的美丽和魅力,产生对建筑的热爱和尊重,提高审美能力和文化素养。

📑 教学重难点

重点:了解建筑物的风格类型。让学生了解不同风格的建筑物的特点和历史背景,以及它们在不同地区和时期的应用。

难点:理解建筑的基本概念。课程通过图片、模型或者实物展示等手段,运用生动形象的方式让学生理解建筑材料、建筑结构、建筑风格等概念。

📓 教学准备

确定教学目标:确定学生需要了解的建筑基本概念、特征、分类等知识点,以及通过活动来加深学生对建筑的认识。

选择教学材料:准备相关的图片、模型、实物等材料,以及建筑相关的视频、音频资料等,以确保学生能够全面地了解建筑。

⛰ 教学过程

1. 任务落实

让学生认识建筑、感受建筑。提问:建筑到底是什么? 建筑是怎么来的?

2. 新课导入

让学生认识各式各样的建筑:京派建筑(如故宫)、晋派建筑、徽派建筑、苏州园林、海派建筑。

3. 提问环节

这些建筑来分别来自哪里？

故宫的建筑特点是什么？颜色是什么样的？形式是什么样的？

学生回答。

4. 总结评价

在本节课中,学生了解了不同风格的建筑的特点和历史背景,欣赏了美丽的中国建筑,感受中国传统文化。

本节课将多种中国建筑展现在学生面前,介绍了丰富的中华传统建筑文化知识。学生对历史悠久的中国文化感到骄傲,纷纷表示要自觉学习、传承传统文化中的精华,作为新时代的少先队员,努力把中华优秀传统文化发扬光大。

📁 实践资源

组织学生到"上街里"游学,感受青岛里院建筑文化;或者走进八大关,切身体验德式建筑,感受异国建筑风情。

机器人的世界

授课家长就职于青岛德林科姆电子科技有限公司,从事工业及教育机器人开发相关工作,因为工作的关系接触工业机器人、服务机器人、教育机器人比较多,对机器人在工业现场的应用、在日常生活中的应用比较了解。

◎ 教学目标

让学生初步了解机器人的概念、分类、用途。

让学生实际组装机器人,操作人形机器人模型,熟悉机器人的构造,了解控制原理、传感器的分类及作用,提高动手组装、调试、操控能力。

通过机器人的基础知识,引出机器人相关联的计算机、软件、通信与控制、机械设计、材料、系统工程等相关科技名词。

教学重点

教学重点是机器人的概念、构造、原理,机器人三原则,自主动手组装机器人,操控机器人。

教学准备

准备 PPT、视频资料、人形机器人套装。

教学过程

1. 机器人的基本概念

(1)讲解什么是机器人、机器人和人类的区别。

(2)讲解机器人的基本构造、原理。

(3)讲解机器人关联的学科和领域。

(4)讲解机器人的过去、现在、将来。

讲解古代发明的机器人种类,现阶段机器人的种类、作用和应用场景,未来机器人的发展方向和核心技术。

(5)学生观看大量机器人视频,体验操控人形机器人、蜘蛛机器人。

(6)讲解仿生机器人的概念和核心技术及应用方向。

2. 问题与思考

(1)你们见过哪些现实生活中的机器人?

(2)机器人和人不一样的地方有哪些?

(3)为什么需要制定机器人三原则?

(4)今后人类会不会被机器人替代?

（5）人类为什么需要机器人？

通过以上的问题,学生比较客观地认识到机器人带给人类的好处和机器人带来的负面作用。现在和未来如何利用机器人更好地为人类服务,是全人类的课题。学生也知道了机器人涉及多学科、多领域,非常复杂,激发了学习科学知识的热情和动力。

3. 学习与探究

（1）理解机器人三原则:机器人不得伤害人类,必须服从人类,必须保护自己。机器人涉及多个学科和领域,如机械设计和制造、计算机与信息处理。

（2）中国 3000 多年前就有了机器人,用于帮人搬运东西等。现代机器人应用于非常多的领域,包括工业制造、医疗、消防、战斗、服务等。

（3）仿生机器人是模仿生物的身体结构和功能,代替传统的工业机器人。仿生,不是不加区别地模仿动物,而是设法找出动物能发挥巨大作用的某些特定的身体结构,再把这些结构融合到现有的技术中来。

（4）仿生机器人的主要研究分类:仿生运动、仿生感知、仿生控制、仿生材料等。

（5）仿生机器人研究的关键技术问题:运动机理及行为方式的建模、信息感知的方法和理解、仿生控制理论与方法、能量代谢效率及能源动力、仿生材料。

（6）探究课题:有了人工智能和机器人,人类将来是否会过分依赖它们,科幻电影中的人类和机器人大战是否真会发生。

4. 总结评价

给学生上课,算是给学生普及机器人的知识,让他们对机器人的知识面得到了拓展,对高科技提升了兴趣,而不会因为有难度而抵触高科技。

学生对机器人的兴趣非常高,从课程开始到结束他们都听得聚精会神,兴致勃勃,会抢着举手回答问题。本节课是非常成功的一节课。

5. 拓展与创新

自己组装机器人,通过编程让机器人动起来,并且组队参加双足人形机器人格斗竞技大赛。

📁 实践资源

有的学生参加机器人兴趣班,全面学习机器人的基础知识。

学生组队参加机器人格斗大赛。

学生回家观看机器人相关动画片和电影。

新时代,新零售

授课家长是青岛永旺购物中心(黄岛店)副店长,负责黄岛店的营运及管理。

🎯 教学目标

让学生了解零售业的变迁及行业特点。

提出学生最想了解的零售业问题,让学生制订零售业调查方案。

📋 教学重难点

重点:学生利用各种展示、汇报等方式认识零售业的模式及特点,进行总结、交流,增进对零售业的了解。

难点:设计调查方案,在活动中锻炼学生的多种能力,培养学生团结协作能力,增强分享、交流意识。

📝 教学准备

学生搜集关于零售业的资料。授课家长准备课件。

教学过程

1. 创设情景,导入新课

授课家长:同学们,我们每天吃的、穿的、用的东西多种多样,丰富多彩。从饭桌上的粮食、蔬菜,到我们身上穿的衣帽鞋袜,再到我们用的纸、笔、书包,等等,这些维持我们生活的物品,大家知道是怎么来的吗?大家都买过东西吗?在哪里买的?买过什么东西呢?

授课家长:大家走进商场,希望有安全、安心的购物环境,希望有物美价廉、琳琅满目的商品,希望有热情周到的服务……大家所希望的这些事由谁来实现呢?这要由一个大的团队合作完成,这个团队里有保安人员、保洁人员、设备维护人员、财务人员、人事工作人员、商品验收人员、卖场上货及销售人员等,这个团队的队长就是店长,店长统一指挥各个部门。那么店长是如何带领各个部门将大家需要的商品售卖给大家的呢?今天我们就来了解身边的职业——零售业购物中心店长。

2. 问题与思考

授课家长:店长负责的事情很多、很杂,但是所有工作的中心是为顾客服务,工作重点就是卖场销售,通俗地说,就是卖货。今天,就让大家从一个卖货部门的负责人开始体验一下吧。假设大家是一个商场某店铺营运部门的负责人,你想怎么卖出自己的商品呢?

授课家长提前准备零食、水果、玩具、文具等道具,让学生选感兴趣的一个商品,授课家长先举例说明。

在学生研究课题之前先普及一下零售基本常识。售出商品的要点:以什么样的价格卖出?将商品陈列在哪里?怎么陈列?怎么促销?如何跟顾客讲出商品的卖点从而吸引到顾客?(通常采用试吃、演示、叫卖等。)

学生提出想要研究的问题。组内交流,组长汇总小组内提出的问题。各组代表在全班交流。

设计意图:让学生了解零售最重要的卖货环节的基本操作,成功卖货需要团队合作,锻炼学生的团队合作能力。

3. 学习与探究

（1）了解零售业的变化:从单纯线下(实体零售)到线下 + 线上(网络零售等)综合。

改革开放以来,实体零售业一直保持较快增速,但受成本攀升、同行业竞争加剧、网络零售快速发展影响,近年来实体零售业出现了经营困难,行业发展形势严峻。与之形成巨大反差的是,网络零售正成为一种新的商业模式,发展速度超出预期。

零售业的形式多元化:百货店(如青岛海信广场)、购物中心(如永旺购物中心)、专业商店(如迪卡侬)、超级市场(如大润发)、便利商店(如7-11、友客)、折扣商店(如奥特莱斯)、仓储商店(如麦德龙)等。

零售业的服务方式更亲民,顾客体验越来越好。从最开始的卖货人员站在柜台里面卖货的方式,到顾客自主选购,再到将休闲娱乐融入购买商品的体验中。

随着科技的进步和技术的完善,线上购物和移动支付(微信、支付宝支付等)让购物更方便。物流更讲究时效性,达达快送等让购物更快捷。

（2）"物竞天择,适者生存",零售业需要不断创新与变革。社会在发展,人们的消费需求多元化,消费意识也在变化。在这种环境下,传统零售业需要不断地调整与变革,来适应顾客不断变化的需求。

近几年,零售业竞争加剧,新店层出不穷,部分店铺因经营不善而关闭。之前比较知名的阳光百货、麦凯乐新都心店、台东沃尔玛等相继闭店。永旺购物中心随着时代的进步和顾客需求的变更,不断进行卖场改造与升级,提升服务质量。与京东到家、美团外卖等合作,实现在 2 小时内把距离顾客 3 千米店铺内的生鲜、外卖餐食、鲜花等送到家,满足顾客的需求。

（3）设计调查方案。

授课家长:你们打算如何通过对零售业购物中心店长的研究了解零售这个行业呢?

课堂预设:通过网络查阅资料、访问、调查、观察等方式了解零售的相关知识。

授课家长:下面就分组讨论,说说如果你是一个商场的店长,你会如何给顾客好的销售体验,将更多的商品卖给顾客,请制订一个研究方案。做好方案了,和小伙伴们一起讨论,把方案进一步完善,开始行动吧!

授课家长引导,各小组设计研究方案。一份完整的研究方案包括研究主题、目的、参加人员、内容、步骤及时间安排等。班内交流,学生共同优化研究方案。

设计意图:此环节设计的目的是更好地帮助学生了解零售业是随着社会、科学技术的进步而发展变化的,为深入研究零售业,了解零售业的变迁做铺垫。

4. 总结评价

授课家长:同学们真了不起,完成了小组的研究方案设计。通过观察,我发现:同学们很会合作,小组成员之间配合得很默契,效率很高。希望同学们在研究的过程中,根据实际情况,及时调整研究方案。

5. 拓展与创新

授课家长:利用课余时间通过查阅资料、调查访问完成自己要研究的课题,在生活中用一周的时间体验一下线下及线上购物。站在店长的角度考虑一下,你购物的这个店有什么吸引了你呢?有什么地方是让你感觉不满意的呢?如果让你管理这个店,你会如何改善?

设计意图:让学生在现实生活中从卖方的角度思考问题,站在管理的高度体验生活。

实践资源

可以组织学生去永旺购物中心进行以他们为主体的购物体验。

健康与急救

授课家长是海军第九七一医院干部病房护士长,该医院是集医学教研于一体的三级甲等医院。

🎯 教学目标

让学生了解青少年的常见疾病。

学生养成良好的卫生习惯。

学生学会心肺复苏急救知识与操作。

📋 教学重难点

重点:学生对七步洗手法和心肺复苏操作进行展示,增进对医疗工作的了解。

难点:在活动中培养学生的自我约束能力,让学生养成认真洗手的好习惯,提高卫生依从性。

📝 教学准备

做好关于卫生健康知识的 PPT,准备好七步洗手法的宣传图片,搜集心肺复苏的教学视频。

✨ 教学过程

1. 创设情景,导入新课

授课家长展示护士图片,提问,让学生对护士这个职业有所了解。

授课家长播放心肺复苏的视频,吸引学生的研究探索兴趣,让其感受到医疗护理工作的神圣。

2. 问题与思考

关于护理工作,你想研究些什么?

学生自己提出想要研究的问题。

组内交流,组长汇总小组内提出的问题。

各组代表在全班交流。

课堂预设:我们应该怎么规范洗手? 如果遇到有人突然晕倒,你会怎么办? 如果你是一名护士,你会怎样去照顾病人,让他们满意?

设计意图:让学生对护士这一职业有所了解,通过观看演示和视频,掌握七步洗手法和心肺复苏技术。

3. 学习与探究

(1)了解护士职业的变化。

1888 年,美国人约翰逊在福州开办我国第一所护士学校。护士既是治疗疾病的合作者,又是预防疾病的宣传者,还是家庭护理的教育者和社区护理的组织者。护士专业化和"多面手"的完美结合将使以病人为中心的护理进一步发展,护理的目标不仅是满足病人生理上的需求,还着眼于病人心理的平衡、对社会的适应,这标志着传统护理向现代护理的过渡。

(2)对护理工作的认识:每个人对护理工作的认识不同。护理不仅仅是打针、发药的工作,是非常辛苦的,是整个医疗卫生工作的重要组成部分,但是又具有独立性和特殊性。护理人员的道德水平和职业素养直接关系医生、病人和护士的关系,要求护理人员具备责任心和良好的职业素养。

设计意图:此设计的目的是更好地帮助学生了解护理工作是随着社会、科学技术的进步而发展变化的,为深入研究护理职业,了解其变迁做铺垫。

4. 拓展与创新

利用课余时间通过查阅资料、调查访问找到自己要研究的问题的答案。为了能够更全面地了解护理职业,可以到医院体验护理服务。在生活中,讲究卫生,按照要求认真洗手,预防疾病。

📁 实践资源

组织学生到医院的培训中心使用模拟示教人进行心肺复苏的操作,掌握操作的重点和要点。

心理健康

授课家长是哲学硕士,曾为大学哲学老师,中国科学院心理咨询师,青岛市中小学生课后服务站特聘心理咨询师,青岛心彼岸心理咨询有限公司高级合伙人。该家长曾先后为数个家庭在家庭教育方面提供心理咨询和指导,帮助很多青少年走出青春期困境。

◎ 教学目标

学生目前处在小学高年级段,马上面临小升初,也即将进入青春期(有的学生已经进入青春期),帮助学生了解小升初阶段及青春期可能面临的身体、心理变化和挑战。

教授学生正确认识这一阶段,教授学生一些应对困难、调节情绪和沟通的方法,提高学生的心理调适能力。

培养学生积极的心态,增强他们的自信心和适应能力。帮助学生顺利度过人生第一个重要阶段,为今后的成长和发展奠定良好的心理基础。

📋 教学重难点

让学生认识到小升初和青春期带来的身体和心理上的变化,认识到这些变化可能带来的困惑、压力、情绪及沟通障碍。

引导学生正确看待青春期,正确看待小升初,正确看待情绪和压力,并掌握应对方法,做到有效沟通,培养自信、积极向上的心态。

教学准备

收集、整理课题相关的心理学知识、视频。

总结和提炼学生听得懂、听得进的课堂语言。

为保证课堂的生动性和趣味性,设定游戏环节,提前准备道具(视情况增加)。

教学过程

1. 导入

从发展心理学入手,介绍人一生不同阶段的心理发展规律,让学生认识自己。

目前学生正处在童年向青春期的过渡阶段,介绍这一阶段有什么特征。

学生马上面临小升初了,介绍小升初常见心理变化、相关心理知识和应对压力的技巧。常见心理变化有压力增大、焦虑、紧张、拒绝沟通等。应对压力的方法包括正确认识自己、合理规划时间、积极自我暗示等。

2. 问题与思考

想象自己即将面临小升初的情景,思考:这个阶段你有什么感受?有没有感到欣喜和向往?有没有感到压力和焦虑?还有什么想法?

课堂预设:案例分析(分享一些小升初或青春期学生遇到各种问题的案例),小组讨论并发言(分组讨论并分析案例中的学生是如何面对情绪、压力等问题的),体验练习(现场进行一些简单的放松练习)。

设计意图:让学生身临其境地体验和参与,比讲解一些概念效果更佳,让学生学会自我觉察与自我感受。

3. 学习与探究

学生分组讨论自己在小升初阶段可能遇到的问题和困难,以及如何应对。

让学生写下自己的优点和以往的成功经验,与大家分享,提高自己解决问题的能力。还可以让老师及同学继续说出分享者的其他优点,增强学生的自信。

设计意图:鼓励学生分享自己的经验和方法,互相借鉴和学习,也许不需要别人的帮助,学生自己就能解决问题,得到老师和同学的肯定,自信心会不断增强。

4. 总结评价

概括本节课的重点内容,强调积极心态的重要性,鼓励学生在遇到困难时,不害怕,不拒绝,正确面对,相信自己的能力。自己能力不及的,一定与父母、老师进行沟通。相信学生能更好地应对小升初、青春期带来的心理挑战,在逐梦路上向阳而生。

5. 拓展与创新

布置课后作业,让学生制订一份个人的成长计划并找到适合自己释压的方法。

推荐相关书籍、文章或视频资料,让学生进一步了解心理健康知识。推荐图书有《半小时漫画青春期》《谁都不能替你长大》《青春期女孩成长手册》《青春期男孩成长手册》。

与家长沟通,开设父母课堂,共同关注学生的心理状态,提供支持和帮助。

实践资源

授课家长所在公司有很多岛城心理学界的资深心理老师,可不定期为学生、老师及家长在心理学领域的学习、提升赋能。

我们的棒球时代

授课家长就职于青岛以诺棒球运动俱乐部,从事体育教育相关工作。

🎯 教学目标

学生了解棒球运动知识,增强体育锻炼,增进与同学的交流,开阔眼界。

📑 教学重点

了解棒球,建立团队。

📓 教学准备

准备课件、棒球、球棒、棒球手套。

🏛 教学过程

1. 课堂讲述与验证

通过课堂了解棒球基础知识、规则。

(1)**棒球**:是一种主要特点为以棒打球,集体性、对抗性很强的球类运动项目。棒球在国际上开展较为广泛,影响较大,被誉为"竞技与智慧的结合",在美国、日本尤为盛行,被称为美国的"国球"。棒球是一种团体球类运动,法定比赛人数最少为9人。棒球球员分为攻、守两方,利用球棒和手套,在一个扇形的棒球场里进行比赛。比赛中,两队轮流攻守。当进攻球员成功跑回本垒,就可得1分。9局中得分最高的一队就胜出。

（2）棒球的起源与发展：棒球运动有悠久的历史，在古希腊及古印度的一些壁画遗迹上都有类似打棒球的图案。

据说近代棒球是英国人移民至美国时引入的板球（cricket）游戏和波士顿地区常玩的跑圈子（rounders）游戏综合演变而成的运动。在经历了数次演变及许多不同的称呼之后，直到1839年，在美国纽约州柯柏斯镇（现今棒球名人堂的所在地）的戴伯特修订了原先的游戏规则，同时将这项运动定名为"baseball"，并开始推行，而成为美国风行运动之一。

1845年，美国人亚历山大·卡特来特为统一名称和打法，制定了有史以来第一部棒球竞赛规则。规定的场地图形和尺寸至今仍沿用，并正式采用了棒球（baseball）这一名称。其中多数规则条文迄今继续使用，棒球（baseball）这一名称也一直沿用至今。因此，现代棒球运动源于英国而发展于美国。

1839年，美国纽约州古帕斯镇举行了有史以来的首次棒球比赛。1860年，美国出现职业棒球运动员。1871年，美国成立了全国职业棒球运动员组织，1876年，该组织改名为全国棒球联合会。1881年，成立另一个全国性的职业棒球组织，即后来的全美职业棒球联合会。1884年，首次举行这两个组织间的冠军赛，即世界棒球冠军赛。1910年，时任美国总统威廉·霍华德·塔夫脱正式批准棒球运动为美国的"国球"。

1873年，棒球由美国传入日本。日本职业棒球队创始于1934年。

第二次世界大战后，棒球运动迅速在欧洲各国开展起来，棒球运动已在世界五大洲的100多个国家和地区中开展。

1937年，在美国成立了世界棒球协会，后改称为国际棒球联合会，是世界业余棒球运动的最高领导机构。1978年，国际棒球联合会得到国际奥委会的承认。中国棒球协会于1981年3月加入国际棒球联合会，1985年加入亚洲棒球联合会。

棒球最普及的是美国和日本，此外，在中国台湾地区、韩国、菲律宾和拉丁美洲也极为风行。

棒球项目1992年被列入奥运会比赛项目。棒球项目在2012年和2016年奥运会上未被列入比赛项目，但于2020年东京奥运会（于2021

年举办)重回奥运赛场。

（3）棒球规则：两队比赛，每队各有9人，两队轮流攻守。攻队队员在本垒依次用棒击守队投手投来的球，并乘机跑垒，能依次踏过一、二、三垒并安全回到本垒者得一分。守队截接攻队击出之球后可以持续碰触攻队跑垒员或持球踏垒以"封杀"跑垒员，球落地之前如果防守队员接住球，则称跑垒员被"接杀"，如果投手对击球者投出三个"好"球（"好"球即投手将球投入好球区且击球者没有击中球，"擦棒球""界外球"和挥棒挥空也属于"好"球范畴，"坏"球则指投手将球投在好球区外，且击球者没有挥棒），则跑垒者被"三振出局"。攻队三人被"杀"出局时，双方即互换攻守。两队各攻守一次为一局，正式比赛为9局，得分多者获胜。守队队员按其防守位置及职责规定名称如下：投手、捕手、一垒手、二垒手、三垒手、游击手、左外野手、中坚手、右外野手。攻队入场击球的队员叫击球员。合法击出界内球且没有被场上防守人员"接杀"时，该击球员应即跑垒，称为击跑员，当投手投出4个"坏"球或者让球接触到跑垒员身体，则跑垒员"保送"上一垒。击跑员安全进入一垒后，即称为跑垒员。

（4）实践与创新。

学生观看棒球比赛，尝试接触棒球项目，并在其中感受体育锻炼的乐趣。

2. 实践运动训练

（1）通过训练提高身体运动能力及棒球技术水平。

（2）建立团队，增加队员的信心。

实践行动

组织队员参加2017年美国职业棒球大联盟（中国）青少年棒球联赛。

学生参加棒球比赛

研学篇

学生研学,就是学生走出校园,走进社会,通过实践、观察、体验,提高自己的综合素质,这是集研究和学习于一体的一种教育方式,是培养学生独立思考能力、团队协作精神和创新精神的重要途径。在这个信息化、全球化的时代,学生研学显得尤为重要。

首先,学生研学可以拓宽视野。学生走出校园,在实践活动中,能够了解到社会的多元化,增强社会适应能力,接触社会,能够更深入地了解社会现象,感受社会生活,从而拓宽自己的视野。此外,学生研学还能够激发学生的求知欲和好奇心,培养他们的创新精神。

其次,学生研学的方法多样。可以采用实地考察、访谈交流、实验探究、职业体验等形式。例如,学生可以参观科技馆、博物馆,了解科技发展和历史文化;可以走访企业、社区,了解社会运作和民生状况;可以进行实验探究,培养科学思维;还可以结合网络资源,利用网络平台进行信息搜集和交流,提高信息素养。

在研学过程中要特别关注以下事项:第一,注重安全,外出研学时,应遵守交通规则,注意交通安全;在实地考察时,应注意自身安全,避免发生意外。第二,学生要遵守社会公德,尊重他人,保持良好的行为习惯。在交流互动中,要学会倾听,尊重他人意见,增强团队协作精神。此外,学生要学会自主管理,合理安排时间,提高效率。

学生研学更多的是走出校门进行实践活动,离不开家庭、学校、社会的支持和帮助,各方协同育人,才能实现教育价值的最大化。学校可以组织专业的导师团队,为学生提供指导和帮助;家长应关心孩子的学习和生活,为孩子提供必要的物质和精神支持。此外,社会各界也应给予学生研学活动足够的关注和支持,共同为学生的成长和发展创造良好的环境。

关于胶东地区抗日战争时期地雷战的研究
（小学一至三年级）

研究背景

1. 意义

今天我们的幸福生活是革命先辈抛头颅、洒热血,牺牲自我换来的。新时代的少年儿童铭记历史,开展研究性学习,对继承和发扬红色精神,树立正确的世界观、人生观、价值观,有着重要的意义。

2. 目的

价值体认:通过参与地雷战研学活动和其他爱国主义教育活动,获得有积极意义的价值体认,初步形成集体思想和爱国主义观念,为自己是中国人感到自豪。

责任担当:围绕地雷战和红色革命精神开展宣传活动,能发现身边的英雄人物和英雄事迹,具有积极向革命前辈学习的意愿。

解决问题:能在指导老师的指导下,结合学校和社会主流方向,发现并提出自己感兴趣的问题。能将这些问题转化为研究小课题,通过小组研学方式,提出自己的想法并找到解决问题的办法,形成对问题的解答。

创意物化:通过深入研究地雷战,自己动手制作手抄报,小组成员感受先烈们的革命斗争精神,激发爱国热情,进而把这种热情传染给学校的同学们,从而培养艰苦奋斗、勤劳勇敢、不怕困难的品质。

研究方法

研究方法包括文献调查法、问卷调查法、历史研究法、统计分析法。

研究过程

1. 制订计划

小组成员分工和具体时间安排分别见下面两个表格。

小组成员分工

成员序号	年龄/岁	特长爱好	分工内容
1	8	编程、音乐	制订计划、实施调整
2	9	写作、朗诵	提出倡议、完善报告
3	9	绘画、表演	实地研究、汇总资料
4	8	数据统计、信息处理	分析数据、编写报告
5	9	阅读、编导	研究分析、收获总结

具体时间安排

研究阶段	时间	地点	活动内容
第一阶段	2018 年 10 月 15 日	老红军家中	探访老红军,感受红色精神
	2018 年 11 月 12 日—11 月 16 日	网络教室、图书馆、中共青岛党史纪念馆	汇集各项相关资料
	2018 年 11 月 17 日	海阳地雷战景区	进行实地研究考察
第二阶段	2018 年 11 月 19 日	湛山小区	对小区居民进行采访
	2018 年 11 月 20 日	学校校园	对身边同学进行采访
	2018 年 11 月 21 日	地雷战纪念馆	对馆长进行采访
第三阶段	2018 年 11 月 25 日—11 月 27 日	微机教室	根据各种渠道收集资料和实际情况,讨论完成调查问卷的设计
	2018 年 11 月 28 日—11 月 30 日	湛山街道	现场发放调查问卷并收回
	2018 年 11 月 30 日—12 月 7 日	微机教室	汇总分析调查问卷,形成报告
第四阶段	2018 年 12 月 22 日—12 月 23 日	本班教室	制作地雷战手抄报

研究阶段	时间	地点	活动内容
第四阶段	2018年12月24日—12月29日	延安三路海航万邦中心丽天大酒店	宣讲地雷战精神，派发红色精神倡议书
	2019年1月5日	学校多功能厅	历史重现，表演话剧《小小地雷战》
	2019年1月7日	网络平台	启动班级及学校公众号推广，加强同学们对地雷战的了解

2. 实施过程

（1）第一阶段：查询资料，探访老红军，感受红色精神。

2018年10月15日，指导老师带领组员们慰问老红军。组员们对老红军杨汉黄爷爷进行了专访。在交流中，组员们被老一辈革命者为了国家和人民不惧牺牲的大无畏精神深深打动。

查阅参考文献，汇集相关资料。11月12日，两位组员从网络上查询关于地雷战、革命遗址等资料。11月13日，三位组员到图书馆、书城，查找本次课题相关的书籍，如《你所不知道的抗日细节》《"大抗战"知识读本》。11月14日，指导老师带领组员汇总、分析、整理资料，将不同渠道获得的资料进行分类研究，并大致确定本次研究的主要方向。

实地考察中共青岛党史纪念馆和海阳地雷战遗址：11月16日，指导老师带领组员到中共青岛党史纪念馆研学。馆中展出大量的文献资料、历史图片，从中国共产党成立，到抗日战争；从游击战到地雷战，每一张照片、每一件文物、每一场战役，都记载了一代代共产党人的艰苦历程。11月17日，指导老师带领组员赴海阳地雷战纪念馆研学。

归纳整理资料，确定研究内容：小组成员对搜集到的资料进行了归纳整理，确定地雷战研究的五部分内容，即地雷战的历史背景、战役和作战方式、地雷的种类构造、战斗英雄故事、艺术创作。

历史背景：1940年2月，日军从青岛侵入海阳行村，对附近村庄烧杀抢掠，无恶不作。海阳军民在党的领导下奋起抗敌，但是民兵的武器装备落后，在这种情况下，地雷的研制和大规模应用地雷非常重要。

了解战役和作战方式:小组成员以"英雄集体令敌闻风丧胆"为题,制作了胶东地区地雷战战役情况梳理表格,一目了然。

英雄集体令敌闻风丧胆

荣誉称号	村名	战役名称	作战方式	主要事迹
特等模范爆炸村	赵疃村	赵疃村地雷战	埋雷候敌,使用飞行雷	自研石雷,歼敌72名。全国民兵英雄1名,胶东民兵英雄30余人
特等模范爆炸村	小滩村	水滩埋雷伏击战	将计就计	自研水雷,破坏敌人交通,歼敌70余人
特等模范爆炸村	文山后村	文山后村响雷战	送雷上门	歼敌116名。全国民兵英雄1名,胶东民兵英雄1人
战斗模范村	五虎村	五虎联防区域战	地雷战与麻雀战结合	多次歼敌共170余人
模范村团	栾家村	栾家村自卫反击战	配合主力部队,打游击战	配合主力部队,屡建奇功。全省民兵英雄12人

地雷的种类构造:海阳地雷战中使用的地雷种类繁多,从踏雷、长藤雷、子母雷、石雷、连环雷、水雷、绊雷到让敌人臭得无可奈何的屁屁雷等十多种。

战斗英雄故事:在中国共产党的带领下,海阳地雷战中出现一个又一个英雄人物,涌现出县以上英雄模范500多人。

艺术创作包括以下几个方面。歌曲:《埋好地雷端起枪》《民兵都是英雄汉》为1962年上映的中国人民解放军八一电影制片厂拍摄的电影《地雷战》中的插曲。民谣:铁西瓜,威力大,炸得鬼子飞上天,炸得汉奸满地爬,爬呀爬,像王八。歌谣:海阳的铁西瓜,威名传天下。轰隆隆、轰隆隆,炸得鬼子开了花。

(2)第二阶段:采访。

(3)第三阶段:开展问卷调查。

(4)第四阶段:宣扬红色精神。

3. 研究收获

地雷战研学,让我们感受到了中国人民敢为人先、大胆创新的智慧和不畏强敌、舍身报国的英雄豪情,懂得了红色基因就是一种革命精神的传承,红色象征光明,凝聚力量,引领未来。伟大的地雷战精神作为红色基因的一部分,是一代代人民英雄和爱国志士用鲜血和生命,为我们铺就的一条通往实现中国梦的道路。作为新时代的少先队员,我们要传承和发扬革命精神,顽强拼搏,奋发图强,让红色基因代代相传,永不褪色。为振兴中华而努力,为报效祖国而奋斗!

参考文献

[1] 《"大抗战"知识读本》编写组."大抗战"知识读本 [M]. 北京:学习出版社,2015.

[2] 胡卓然. 你所不知道的抗日细节 [M]. 北京:金城出版社,2018.

[3] 中国中共党史人物研究会. 中共党史人物传 第 50 卷 [M]. 北京:中国人民大学出版社,2017.

[4] 张注洪. 中国抗日战争史论稿 [M]. 北京:中共党史出版社,2018.

[5] 刘金田. 中国的抗日战争 [M]. 上海:上海人民出版社,2016.

对海藻多糖成分的提取研究报告
(小学四至六年级)

研究背景

1. 研究意义

海洋是一个神秘的世界,也是人类的巨大资源宝库。海洋中生活着种类繁多的海洋生物。我们的祖先发现多种海洋生物具有药用价值。

例如,在著名的古代药物学著作《本草纲目》中,就收载了来源于海洋的药物。从海洋生物中提取的多种物质,广泛应用在我们生活的方方面面。海藻是一种常见的海洋生物。有学者发现,经常食用海藻地区的居民比较长寿;日本学者发现,经常食用海藻的女性乳腺癌的发病率比较低。这是为什么呢?经过研究,人们发现,原来在海藻里存在海藻多糖。海藻多糖在药物应用、食品工业、化学工业上,都有很大的应用价值。然而海藻的成分复杂,除了多糖,还含有蛋白质、无机盐、脂类等成分。所以从海藻的众多成分中提取出海藻多糖,是进行海藻多糖研究的关键步骤和基础环节。

科学研究应该是来源于生活现象,并最终回归造福于生活。本研究的另一个意义,在于通过实例启发同学们对生活的细致观察,自己提出问题,并用科学的手段解决问题。

2. 研究目的

本研究拟从生活中常见物品着手,通过查找资料、参观海洋科研院所,了解海洋生物对人类的重要作用,并通过亲手从海藻中提取海藻多糖的实验操作,建立基本的科研思维,培养对海洋科学的兴趣。

✈ 研究方法

研究方法包括文献检索查阅、实地参观座谈、亲手实验研究。

研究过程

1. 制订计划

小组成员分工和具体时间安排分别见下面两个表格。

小组成员分工

成员	特长、爱好	分工内容
1	国际象棋、绘画、轮滑、游泳	制订计划,调整实施方案
2	拉丁舞、游泳、轮滑	提出合理化建议,完善报告

续表

成员	特长、爱好	分工内容
3	书法、绘画、阅读	实地研究,汇总资料
4	游泳	研究分析,总结

具体时间安排

研究阶段	时间	地点	活动内容
第一阶段	2019 年 7 月 1 日	教室	组员们吃海菜凉粉时产生了好奇心,决定探寻海菜凉粉的主要成分及其来源
	2019 年 7 月 2 日— 7 月 31 日	家中、书店、图书馆	从网络上及书店汇集各项相关资料
第二阶段	2019 年 8 月 1 日	学校	咨询专业的海洋课老师
	2019 年 8 月 2 日	教室	聆听海洋知识讲座
	2019 年 8 月 3 日	中国科学院海洋研究所	参观中国科学院海洋研究所
	2019 年 8 月 4 日	中国海洋大学	和海洋专家面对面
第三阶段	2019 年 8 月 5 日— 8 月 10 日	实验室	提取海藻多糖成分
第四阶段	2019 年 8 月 11 日— 8 月 20 日	家中	制作海洋手抄报
	2019 年 8 月 21 日— 9 月 1 日	学校	交流、总结学习成果
	2019 年 9 月 2 日	学校	向全班同学展示研究成果
	2019 年 9 月 3 日	网络平台	启动班级及学校公众号推广,加强同学们对海藻多糖成分的了解

2. 实施过程

第一阶段:发现问题,提出疑问。

2019 年 7 月 1 日,大家一起吃饭时,组员们突然对常吃的海菜凉粉产生了疑问:海菜凉粉是用什么制作的?里面的主要成分是什么?它来源于哪里?这引起了组员们的好奇心,于是大家决定一起解决自己心中的疑问。接下来组员们查阅文献,汇集相关资料。

7月2日—7月30日,各位组员从网络上查询得知,海菜凉粉中的主要成分是一种叫琼脂的物质,主要由琼脂糖组成;而琼脂糖是一种从海藻中提取出来的多糖成分。琼脂糖是什么?它与我们平时吃的糖有什么区别?怎样从海藻中得到琼脂糖?带着这些疑问,组员们来到图书馆、书城,查找本次课题相关的文献、书籍,如《简明海洋科普知识读本》《DK儿童海洋百科全书》。组员们还在老师和家长的指导下尝试了在中国知网(CNKI)搜索论文,来解决心中的疑问。

7月31日,指导老师带领组员汇总、分析、整理资料,将不同渠道获得的资料进行分类研究,并大致确定本次科研的主要方向。

第二阶段:采访、参观,和专家面对面。

学校里有专业的海洋学科老师,组员们带着问题向海洋老师进行了咨询。为了尽快找到问题的答案,组员们积极参与海洋知识讲座,相约一起走进中国科学院海洋研究所,在那里继续寻找问题的答案。还与中国海洋大学的专家进行面对面的交流。

第三阶段:在实验室里提取海藻多糖。

用电子秤称15克海藻样本:别小看这一步,精确称量可是实验的基础。用360毫升浓度为0.2%的盐酸浸泡样本0.5小时,然后充分水洗。用量筒量取液体:实验室叔叔教组员们如何观察量筒刻度:平视,液体弯月面的最低点与刻度对齐。加225毫升水及2.25毫升漂白液,浸泡0.5小时,过滤,再向海藻中加225毫升浓度为0.3%的盐酸溶液,浸泡0.5 h,充分水洗。加500毫升水,在压力锅中提取2小时,趁热过滤。给样品封口,放到压力锅中加热;滤液冷却后放入冰箱冷冻,得到海藻多糖。用乙醇融化、脱水,在热风干燥箱中烘干,称重。

研究结果:组员们平均每人自15克海藻样品中提取出2.58克多糖成分。

小组成员提取海藻多糖的量

	组员1	组员2	组员3	组员4	平均值
海藻多糖/克	2.75	2.40	2.52	2.66	2.58

第四阶段：交流总结。

8月11日—8月20日，各位组员在家中根据搜集的资料和实验结果，用手抄报的形式将研究成果展示出来。8月21日—9月1日，组员们来到学校，对前期的学习进行进一步的总结交流。9月2日，组员们向全班同学展示假期的研究成果。9月3日，向社会发放保护海洋的倡议书，启动班级及学校公众号推广，加强同学们对海藻多糖成分的了解。

3. 研究收获

（1）组员们了解到海洋是一个巨大的宝库，应该保护海洋，研究海洋，合理利用海洋和海洋生物，为人类造福。

（2）通过实例讲解和对中国科学院海洋研究所的参观，了解了科研的基本思路：从生活中发现有趣的现象，推测可能的解释及可能相关的成分，设计实验提取感兴趣的组分，并进行实验验证猜想，最后在生活中加以应用。

（3）通过动手提取海藻多糖，了解有趣的科研过程，增强了科学探索的兴趣。

参考文献

[1] 殷庆威,杨立敏. 简明海洋科普知识读本 [M]. 青岛：中国海洋大学出版社,2012.

[2] 英国 DK 公司. DK 儿童海洋百科全书 [M]. 汪俊,译. 北京：中国大百科全书出版社,2017.

[3] 王璐,刘力,王艳梅,等. 几种红藻琼脂的组分结构及理化性质的比较 [J]. 海洋与湖沼,2001(6)：658-664.

勿忘国耻,以史为鉴——关于青岛与第一次世界大战历史的研究(七至九年级)

研学背景

1. 意义

战争与和平始终是人类关心的重要问题,而革命与改革同战争与和平的关系密不可分。战争与和平、革命与改革,是 20 世纪世界史十分突出的主题,因为它们直接导致了社会生活的大变化。人类在 20 世纪前半期经历了两次世界大战,在 20 世纪后半期经历了"冷战"和无数次大大小小的局部"热战",伴随着这些战争的发生、发展与结束,人类也经历了前所未有的革命或改革。

通过研究第一次世界大战历史,了解第一次世界大战前国家之间的矛盾、关系,了解触发战争事件及其深层次原因,了解战争的过程、结果,及其对世界格局的影响,组员们树立了正确的历史观,激发了热爱和平、追求进步的激情。

2. 目的

价值体认:通过第一次世界大战历史研学活动和相关爱国主义教育活动,获得有积极意义的价值体认,加强集体思想和爱国主义思想。

责任担当:围绕"反对战争、热爱和平"开展系列宣传活动,向周围同学及社会宣传和平思想,促进我国和平发展理念的传播。

问题解决:能在指导老师的指导下,结合学校和社会主流方向,发现并提出自己感兴趣的问题。能将这些问题转化为研究小课题,通过小组研学方式,提出自己的想法并找到解决问题的办法,形成对问题的解答。

创意物化:通过深入研究第一次世界大战历史,自己动手制作手抄报,组员们感受到战争的残酷与和平的可贵,激发了爱国热情,进而把这种热情传染给同学们,从而培养学生艰苦奋斗、自力更生、勤劳勇敢、热爱和平的品质。

研究方法

研究方法包括文献调查法、问卷调查法、历史研究法、统计分析法。

研究过程

1. 制订计划

小组成员分工和具体时间安排分别见下面两个表格。

小组成员分工

成员	特长爱好	分工内容
组长	编程、音乐	制订计划、实施调整、完善报告
组员1	写作、朗诵	实地研究、汇总资料、完善报告
组员2	数据统计、信息处理	分析数据、提出倡议、完善报告

具体时间安排

研究阶段	时间	地点	活动内容
第一阶段	2020 年 10 月 1 日— 10 月 4 日	网络教室、图书馆	通过网络、图书等途径搜集第一次世界大战相关历史资料
	2020 年 10 月 6 日	青岛一战遗址博物馆	参观博物馆,实地研究第一次世界大战历史遗物,通过实物了解第一次世界大战历史
第二阶段	2020 年 10 月 6 日	青岛一战遗址博物馆	对博物馆工作人员进行采访
	2020 年 10 月 9 日	学校校园	对身边同学进行采访
	2020 年 10 月 10 日	学校周边小区	对小区居民进行采访
第三阶段	2020 年 10 月 14 日— 10 月 15 日	微机教室	根据各种渠道收集资料,讨论完成调查问卷的设计

续表

研究阶段	时间	地点	活动内容
第三阶段	2020年10月17日— 10月18日	学校、第一海水浴场、京山路、五四广场、花石楼景区	现场发放调查问卷并收回
	2020年10月19日— 10月20日	微机教室	分析调查问卷,形成报告
第四阶段	2020年10月24日— 10月25日	本班教室	制作热爱和平与祖国发展手抄报、倡议书
	2020年10月27日— 10月28日	五四广场、第一海水浴场、花石楼景区、京山路	派发热爱和平、促进国家发展倡议书
	2020年10月30日	网络平台	启动班级及学校公众号推广,加强同学们对第一次世界大战的了解
	2020年11月2日— 11月3日	学校	完成研学总结,形成研学报告

2. 实施过程

(1)第一阶段:查阅文献,汇集相关资料。

2020年10月1日,以两位组员为主,从网络上查询第一次世界大战相关资料。10月2日,三位组员到图书馆、书城,查找本次课题相关的文献、书籍。10月4日,指导老师带领组员汇总、整理、分析资料,将不同渠道获得的资料进行分类研究,并大致确定本次研学的主要方向。

参观青岛一战遗址博物馆:10月6日,指导老师带领组员到青岛一战遗址博物馆研学。组员们通过馆中展出的大量文献资料、历史图片、文物,进一步了解第一次世界大战的起因及经过。

归纳整理资料,确定研究内容。组员们对搜集到的资料进行了归纳整理,确定本次第一次世界大战历史研究的七部分内容:战争背景、战争起因、战争经过、战争结果、战争影响、战争人物、第一次世界大战与青岛。接下来,组员们进行了详细研究。

（2）第二阶段：采访。

10月6日,组员们在参观青岛一战遗址博物馆过程中,就博物馆建设及参观、宣传情况采访了博物馆工作人员。10月9日—10日,组员们在校内及周边小区进行采访,明确同学及小区居民对第一次世界大战相关历史的了解情况。

（3）第三阶段：开展调查问卷。

10月14日,根据前期搜集的资料以及实地参观和采访情况,组员们就第一次世界大战历史相关问题,共同设计调查问题,并制作纸质调查问卷,完成网上问卷调查页的创建,准备开展问卷调查工作。10月17日—18日,组员们在学校、第一海水浴场、五四广场、京山路、花石楼景区等现场发放调查问卷,并回收。10月19日—20日,组员们汇总调查问卷,统计调查结果,进行数据分析,形成调查报告。本次通过现场发放形式共收取调查问卷129份,其中有效调查问卷97份,通过网络共收取有效调查问卷39份,合计收取有效调查问卷136份。对于回收回来的数据,组员们将其分类汇总,形成图表。

（4）第四阶段：宣扬和平精神。

10月24日—25日,组员们制作了热爱和平相关主题手抄报及倡议书并在学校内展览。10月27日—28日,组员们在景区和学校周边向社会派发倡议书,并通过班级公众号向社会发布。在升旗仪式上,组员们向同学们发出"传承和平发展,做新时代少年"的倡议并在五四广场、花石楼景区、第一海水浴场等地方进行宣传。11月2日—3日,组员们就前期研学情况进行总结,整理资料,形成调查报告。

研学收获

通过对第一次世界大战历史研究,组员们了解了发生在20世纪这一涉及世界诸多大国的大型战争的起因、经过、结果,了解了战争发生的深层次原因在于各个国家对利益的争夺。

第一次世界大战给参战国家,特别是参战国家的人民造成了巨大的伤害,是人类的一场浩劫。这次战争也给各参战国的经济造成巨大创伤,经济倒退、民不聊生,各参战国家需要漫长的时间恢复经济。通过对第一次世界大战历史的研究,组员们认识到战争给人类带来的只有破坏,而只有和平才是民心所向,只有和平才能带来高速发展。战争,给了我们警醒,只有增强国家综合实力,提高国际地位,才可能实现各个国家之间和平共处。在和平发展时期,我国教育、经济、军事等的高速发展奇迹,造就了我国当前富强繁荣的景象,以立于世界强国之林。当前,世界政治、军事环境复杂多变,且形势日益严峻,单边主义、霸凌主义横行,我国的和平发展环境遭受严峻考验。在这种形势下,学生要看清国际形势本质,坚守和平思想,并通过自己的行动宣扬和平发展思想。下面是组员们的研学感悟。

战争发动的原因多种多样,战争的走向、结果无法为人所预料,但是只要有战争,必定伴随民众的痛哭,必定伴随某些地区的民不聊生。而只有国家富强,军力强盛,才能避免战争,维持和平,稳定,让各行业欣欣向荣,不断发展,人民安居乐业。国泰民安,河清海晏,靠的是有利剑可镇山河。

这次研学我们去了青岛山炮台遗址。黑色的长炮沉默伫立在高处,仿佛只是一座雕像,我们只能依稀从瞄准着海湾的炮口,窥见当年战争的冰山一角,窥见彼时中国任人宰割,山河破碎的惨状。青岛战役的最终结果是日本取代德国占领了青岛。可见,如果自己本身没有能力自保,侵略者也只会轮番更替,和平不会从天而降。在中印边境的划分问题上,中国可以挺直腰杆,要得益于这些年的改革开放,经济、军事等飞速发展。

1919年,五四运动爆发,这场前期以学生为主力,后期工人也积极参与的伟大爱国运动是中国近、现代史的分水岭,也是新民主主义革命的开端。

"誓死力争,还我青岛!"当学生们群情激愤呼喊出这句口号时,青岛从一个被列强争来抢去的兵家之地,真正迎来了回归的曙光。彼时的中国经过了无数仁人志士的改革尝试。北京大学、北京高等师范学校等高等学府进一步蓬勃发展。北京大学校长蔡元培,带头提出思想自由,兼容并包的办学方针。胡适、陈独秀、李大钊、鲁迅等都被聘请于北京大学任教。科学、民主开始被人们倡导,少年中国学会、工学会、新民学会、新潮社等社团组织建立。文化领域青年们爱国救国的热情被彻底激发了。我们在青岛一战遗址博物馆看到种种资料、照片，看到以 AR 技术呈现的五四运动。我们难以想象当年青岛民众的心情，在看到 1922 年，北洋政府收回青岛时，我们心中还是莫名激动。今天，改革开放让中国飞速发展，教育、经济、军事均高速发展，于是我国能够繁荣，能够保护自己的人民与土地，能够比肩世界强国。

墙壁上有一句话，"红日初升，其道大光。"青岛的红日初升于五四运动时。就像"使举国之少年而果为少年也，则吾中国为未来之国，其进步未可量也"所写，中国想要取得和平，中国的发展要持续，源源不断的新生力量是关键，而我们，正是新生力量的一环。

研学的那天我们从青岛山炮台遗址一路下山，看到了我们的学校——我们都将在此处成长。我们将在此努力拼搏，点燃青春，在此努力学习，汲取知识。我们铭记今天每一个安宁疏懒的午后都由上一代青年的奋斗换来。每一天都努力成长，成为对社会、国家有用的人，我们在今日和平安宁里长大，我们捍卫明日的和平。

只要国家强大，字字泣血的历史不会再是整个民族耿耿于怀的心结，它将成为国家发展的动力。"少年强则国强"，少年扛起责任，国家发展不断有新生力量，国家才会"前途似海，来日方长"。

研学评价

研究性学习成果量化表

评价方向	评价内容	自评	互评	师评	总评
知识评价	简述第一次世界大战的历史背景	☆☆☆	☆☆☆	☆☆☆	
	了解涉战主要国家及相互矛盾	☆☆☆	☆☆☆	☆☆☆	
	了解青岛与第一次世界大战的关系、五四运动	☆☆☆	☆☆☆	☆☆☆	
过程评价	能够在研究过程中，有自己的研究小课题	☆☆☆	☆☆☆	☆☆☆	
	能够积极参与研究小组的合作与分工	☆☆☆	☆☆☆	☆☆☆	
	能够运用多种研究方法进行学习和探究	☆☆☆	☆☆☆	☆☆☆	
情感评价	感受人民的不屈精神	☆☆☆	☆☆☆	☆☆☆	

续表

评价方向	评价内容	自评	互评	师评	总评
情感评价	践行和平发展理念	☆☆☆	☆☆☆	☆☆☆	
	传扬和平理念,担当强国重任	☆☆☆	☆☆☆	☆☆☆	

参考文献

[1] 基根. 一战史 [M]. 张质文,译. 北京:北京大学出版社,2014.

[2] 谢菲尔德. 一战简史 [M]. 李文英,译. 北京:化学工业出版社,2019.

[3] 徐国琦. 一战中的华工 [M]. 上海:上海人民出版社,2019.

[4] 徐国琦. 亚洲与一战 [M]. 尤卫群,译. 成都:四川人民出版社,2020.

[5] 彭明. 五四运动史 [M]. 北京:人民出版社,2019.

[6] 丁晓平. 五四运动画传 [M]. 北京:人民出版社,2019.

拓展研学《去远方》之成都行(七至九年级)

旅行方案

填写计划表。

上海真爱梦想公益基金会《去远方》课程专项活动学生团队旅行计划表

学校全称		班级	
老师姓名		团队名称	
小组学生姓名			
旅行目的地			
旅行主题			

我们想去成都旅行，因为唐代大诗人李白的诗句"九天开出一成都，万户千门入画图"激起了我们对成都无限的想象，而且成都的历史底蕴深厚。我们在历史书上发现古代很多政权在成都建都，比如蜀汉。我们知道了熊猫在这里生活，著名的大熊猫繁育研究基地是成都的特色之一，可爱憨厚的"国宝"也吸引着我们。《成都》这首歌的歌词中描绘的成都街头、酒馆和当地人仿佛就在眼前，让我们忍不住想去成都进行一场研学之旅。

第一，我们想去亲身体验中国的八大菜系之一——川菜。找出川菜和鲁菜的区别，了解川菜的特点、独有的味道，学习川菜的制作方法。成都传统的食物越做越讲究，精益求精，是几代人耐心总结改良出来的。我们要去学习川菜，我们不吃辣的某老师竟然可以带我们去成都当地某老师家里做客。我们打算进行川菜、鲁菜文化交流，每人带一道鲁菜，再和成都的老师学做四道川菜，找出它们的区别，增进川鲁人民的感情。我们已经跟家长确认了能完成的鲁菜：九转大肠、四喜丸子、糖醋鲤鱼、德州扒鸡（自带）、油焖大虾、葱烧海参、海菜凉粉。

第二，我们学习了历史，想要"走出课本"，比如，我们想探索在杜甫草堂中遗留下的痕迹中有没有大熊猫的痕迹。在大熊猫繁育研究基地我们要探究成都为何成了大熊猫的家乡。

第三，我们想去都江堰和青城山，因为我们要研究成都的地形地势。

第四，我们这些青岛小嫚要对成都话进行挑战，要在成都老师家里全程说成都话。我们找老师请教过录像 APP 和设备的使用，打算让西游记研学团队在 2019 年夏天"抖"（抖音）起来。

我们是如何确定出这个目的地的？一开始，我们小组准备去云南大理，但是我们经过查询之后发现去云南的交通比较困难，于是就否定了我们去云南的这个计划。机缘巧合，一次我们看见外国人在成都生活的视频。视频上介绍成都的生活丰富多彩，令人印象深刻。于是我们被这美丽繁华的成都所吸引。历史文化遗迹、成都的特色美食、街头那悠闲的场景、人们洋溢的笑容，让我们决定要去成都感受一下，用心研学关于成都的各个方面。例如，在吃的方面我们要研学川菜和鲁菜的区别，在景点方面我们要研学憨厚可爱的大熊猫从何而来,去探索在杜甫草堂中有没有关于大熊猫的记载。另外,我们也很想在成都拍一个有价值的短片。

我们的小日常

1. 确定目的地

开始,我们说:"老师,我们决定了,我们要去大理。"沈老师笑而不语。后来,我们说:"老师,我们要去桂林。"沈老师微微点头。

宝贵的一个星期过去了。

"老师,我们这次要去成都。"沈老师一脸无奈。"你们这次真的不改了?""我们真的不改了。"

去年的桥段又在我们"去远方"课堂中上演着,然而今年到了 5 月24 日,沈老师叹了口气,怯怯地说:"要不你们再改个城市?"哈哈,老师是有多么不喜欢我们的决定啊!

2. 交通

我们一开始打算坐飞机去成都,因为快,我们想节约时间,当时我们查到飞机票是很便宜的,但是老师告诉我们:"不一定行,过几天票价可能会涨。"所以我们又选了备用的方案,如果机票超过 900 元就坐火车。我们在交通网站上查到了去成都火车的车次、价钱、时间等,打算通过在中国铁路官网进行预订。

3. 活动安排

我们选择的景点反映了成都的历史底蕴,还体现出成都独特的地形地势。

(1)关于历史的研学安排如下。

宽窄巷子:位于四川省成都市青羊区长顺街附近,由宽巷子、窄巷子、井巷子平行排列组成,大部分为青黛砖瓦的仿古四合院落。这里也是成都遗留下来的较成规模的清朝古街道。宽窄巷子是一个开放式的景区,有些像商业街和古镇的结合体,24小时开放,无门票。下午和傍晚人比较多。宽窄巷子里吃的非常多,汇集四川当地的特色小吃,价格合理,如果想要吃正餐,这类餐馆也是有的,不过比较少,建议到附近吃。

武侯祠:1961年,成都武侯祠被国务院公布为第一批全国重点文物保护单位。1984年,成都武侯祠博物馆成立,2008年,被评为国家一级博物馆,享有"三国圣地"之美誉。成都武侯祠位于成都市武侯区,肇始于公元223年建惠陵时。成都武侯祠博物馆现分文物区、西区和锦里三部分,文区主要由惠陵、汉昭烈庙、武侯祠、三义庙等组成,历经风雨,现存主体建筑为清康熙十一年(1672年)修复。祠内奉刘备、诸葛亮等蜀汉英雄塑像50尊,文物荟萃。

都江堰:位于四川省成都市都江堰市城西,坐落在成都平原西部的岷江上,始建于秦昭王末年(约公元前256—前251年),是蜀郡太守李冰父子在前人鳖灵开凿的基础上组织修建的大型水利工程,2000多年来一直发挥着防洪灌溉的作用,使成都平原成为水旱从人、沃野千里的"天府之国",是全世界迄今为止,年代久远、唯一留存、仍在一直使用、以无坝引水为特征的宏大水利工程,凝聚着中国古代劳动人民的勤劳、勇敢、智慧。

(2)关于饮食的研学安排如下。

成都川菜博物馆:以继承川菜文化传统、弘扬四川美食为宗旨,秉承"美食面前有食无类"的理念,为美食王国的无国界公民打造川菜文化传播平台。馆内拥有价值400万元的泡菜坛、全国最大的灶王祠、世界上最好的手工豆瓣。在双语体验师的专业带领讲解下,游客将感受一回穿越时空的美妙的川菜文化之旅。我们这次研学的一大主题不是川菜与鲁菜的差异吗?这个川菜博物馆就是我们在成都进行实践的主要信息搜集点,不容错过。成都川菜博物馆常设旅游活动项目如下。典藏馆赏古:游客可观看博物馆收藏的川菜古董精品。互动演示馆互动:游客可观看厨师演示川菜制作技艺,品尝地道川菜,体验川菜制作。品茗休闲馆品茶:游客感受四川的茶文化,了解四川人的休闲状态。灶王祠祭祀:每逢成都国际美食旅游节和农历腊月二十三,有祭祀灶王活动。传统工艺制作演示:原料展示区现场演示传统工艺(酿制郫县豆瓣、泡泡菜、包粽子、包皮蛋、做月饼等)。

(3)关于地形地势的研学安排如下。

青城山:主要植被类型有亚热带常绿阔叶林、常绿落叶阔叶混交林和暖性针叶林。青城山景区地处四川盆地西部边缘山地著名的"华西雨屏带"的中北段。

我们最期待的地方是杜甫草堂。因为那里是中国唐代伟大现实主义诗人杜甫流寓成都时的故居。还有一个很重要的原因是我们要去那里探索,探索在那里杜甫有没有记载过憨厚可爱的国宝——大熊猫。我们要寻找古代大熊猫的痕迹。

4. 食宿

美食:我们选择了比较有特色的餐厅,菜品包含了成都的火锅、最有特点的川菜。这些餐厅是我们在各大旅游网站汇总的,美食对于我们外地人来说都是特色。

住宿:首选酒店是熊猫王子酒店(成都春熙路店)。第一,因为这家酒店便宜。第二,这家酒店交通便利,周围有很多的交通点。第三,这家酒店在市中心,环境优越。

5. 准备

为了更好地出行,我们的背包中准备放哪些东西呢?

(1)夏天成都温度高,很晒,所以要准备防晒用品,如防晒霜、墨镜、太阳帽、太阳伞。再就是换洗的衣物、日常用品。夏天必备的物品还有驱蚊水。

(2)准备洗漱用品(毛巾、牙刷等),床上用品(被子、床单),还有作业。

(3)准备医疗急救包、小零食、药物、餐具。

(4)准备随时拿在手里的钱、手机、旅游攻略、地图、充电宝、身份证、学生证、手电筒、纸巾、相机、雨具、垃圾袋、水壶、背包、笔记本和笔、雨衣、手表、车票。

6. 预案

天气状况：如果在旅行中，碰到了天气突变情况（如下雨），我们可以把室内项目与户外项目行程调换一下，或者采用备用方案。但是，下雨天看风景，仿佛更有一番情趣，所以，我们还可以调整心态，去面对。

身体状况：如果在旅行中，有同学生病或受伤了，我们会先让她吃相应的药物，如果好转，我们会继续行程；如果不见好转，我们会让老师留下，陪伴同学，直至好转。如果情况不好，那就要送同学去医院了。为了我们的行程继续，我们会预防。

情绪问题：如果在旅行中有同学情绪有问题，我们会让态度最温和、最善解人意的同学去安抚她，争取在最短时间继续行程。我们在成都安全预案中做了详细安排。

7. 费用

关于旅行费用，我们计划这样分配使用：景点票价 2004 元，住宿 2640 元，交通 6770 元，饭费 5735 元，总计 17149 元，剩余 851 元。

在设计方案过程中，我们发生了分歧，一开始，我们发现有两个交通方案，第一个是坐时间长的火车，车票便宜，但是可能会需要 30 多个小时。第二个方案是车票稍微贵点的，但是预计在一天之内就能到达。对这两个方案，我们小组中不同成员有着不同的意见，有的认为时间虽然长点，但是价格低，以后的研学过程中会有更多的费用去支撑我们做别的事情。其他两名同学认为虽然价格稍高，但是时间会短，不会拖延我们的时间。经过讨论，我们最终选择了坐价格稍高，但是花费时间短的火车。因为我们在讨论中发现了，如果乘坐 30 多个小时的火车去成都，那么到达成都的那天会非常累，没有精力，所以第一天我们什么都干不了，只能休息或者是随处逛一逛。但是我们为了避免价格较高这个缺点，想到了一个办法。去的时候因为怕会耽误安排，于是我们选择价格稍高的方案，那么回来的时候，我们就可以选那个价格低的方案。这样来回花的钱也会在计划之内。

🧑‍🤝‍🧑 分享故事

在准备旅行方案的过程中,我们有一些想和大家分享的故事。

故事 1:我们做方案时,已经临近期末了,期末考试对我们来说是非常重要的,而家长也分别告诉我们为了复习,让我们把方案制作放一放。但是马上就要交方案了,这个问题让我们进退两难。我们小组中四个人商量,最终讨论出来一个合理的方法。每天晚上在家里抽出一小部分空余的时间,来做自己的那部分方案。第二天再进行核对。如果遇到问题,就四个人讨论。第二天中午的午休时间,我们便会利用节省出来的时间,去梦想教室,用电脑查资料,完善我们的方案。两个人做方案,另外两个人就画手绘图。这样分工明确,学习与做方案就都合理地安排了。

故事 2:西游记研学团队在 2019 年的夏天想"抖"起来,我们决定用视频短片来记录研学过程,在这个短片中我们会解决研学问题,探索未知。如果我们取得出行资格,会在学校用问卷星做调研,征集一些校友们想了解的与成都相关的问题。在旅行过程中争取找到问题的答案,录成视频,回来剪辑成短片挂到网上去。我们相信这样的研究性学习绝对会带起一股潮流。

故事 3:这次我们的研学之旅初始方案其实很受老师的"嫌弃",最初老师就对我们说大交通太贵!后来我们把大交通改成动车,结果老师还是说:"大部分钱都花在了路费上,时间也没有节省下来,成本太高,不合算,再研究一下去哪里合适,我相信你们的能力。"然而第三次我们把往返动车改成了单程动车后,老师仍然否定。

其实,关于大交通的问题我们有个非常棒的备选方案,但要看评委是否让我们的方案入选,因为我们要第一时间查询到成都的便宜机票,运气好的话还可以抢到低于动车票价的飞机票,这就是课堂上老师常跟我们说的旅行计划只是一个参考,遇到问题能随机应变才是实力。

期待入选,天府之国,我们来了!